少儿视频版

百家姓全鉴

东篱子／解译

中国纺织出版社有限公司

内 容 提 要

《百家姓》是一部记录中国人姓氏的作品。按文献记载，成文于北宋初。全篇采用四言体例，对姓氏进行了排列，具有韵律和谐、朗朗上口等特点，是古代幼儿必读的启蒙读物。本书对百家姓全文进行简明易懂的解读，为少儿朋友学习中华姓氏文化提供了良好的读本。

图书在版编目（CIP）数据

百家姓全鉴：少儿视频版 / 东篱子解译. --北京：中国纺织出版社有限公司，2021.5

ISBN 978-7-5180-7824-0

Ⅰ.①百… Ⅱ.①东… Ⅲ.①古汉语—启蒙读物 Ⅳ.①H194.1

中国版本图书馆CIP数据核字（2020）第163891号

责任编辑：段子君　　责任校对：高　涵　　责任印制：储志伟

中国纺织出版社有限公司出版发行
地址：北京市朝阳区百子湾东里 A407 号楼　邮政编码：100124
销售电话：010—67004422　传真：010—87155801
http://www.c-textilep.com
中国纺织出版社天猫旗舰店
官方微博 http://weibo.com/2119887771
佳兴达印刷（天津）有限公司印刷　各地新华书店经销
2021 年 5 月第 1 版第 1 次印刷
开本：710×1000　1/16　印张：10
字数：111 千字　定价：29.80 元

前言

　　《百家姓》是一部关于中国人姓氏的著作。远古时代，姓氏一分为二。姓是大的氏族部落集团的徽示，氏是一个姓所分出的小氏族支系的标志。姓氏，对于人类来说，是标志一个人家族血统流传脉络的重要符号，是我们华夏子孙源于同宗而永远无法割舍的民族情怀。有了姓氏源流的追溯，我们可以不再机械地背诵这朗朗上口的百家姓，而是可以饶有兴致地对别人讲述百余家姓氏的起源，可以了解中华民族的传统姓氏，可以讲出"赵钱孙李、周吴郑王"中蕴藏的历史密码，也可以津津乐道"冯陈褚卫、蒋沈韩杨"家族中隐藏的文化玄机。

　　《百家姓》虽然被称为"百家姓"，但并非只有一百个姓，而是收集了五百多个姓氏。据历史文献记载，姓氏可以追溯到上古时代逐渐衍生出的"八大姓氏"，其中受母系氏族制度的影响，中国最早出现的姓就有女字旁，如姬姓、姒姓等。当时的姓氏作为区分氏族的特定标志，常以部落的名称、封地或部落首领的名字等命名。传说黄帝住在姬水之滨，便以姬为姓；炎帝居姜水之旁，就以姜为姓了。此外，还有一部分来自古代皇帝的赐姓与少数民族汉化以后的姓等来源。

　　"我姓什么？""我从哪里来？"常常是有些小朋友最爱发问的问题，那么这本《百家姓全鉴（少儿视频版）》，会引导小朋友们学会更深层次的文

化思考。

　　为了便于小朋友们阅读，我们在本书中安排了原典、姓氏起源、历史名人、历史故事、填字学成语等版块，能够更好地围绕中华民族传统姓氏体现出渊源素养，激发小朋友们的阅读兴趣。其中经典有趣的历史故事，传达出很多人生哲理，给人以散发正能量的启迪，同时还能积累很多常用成语。

　　亲爱的小朋友们，希望你们在轻松愉快的阅读中，触摸到启蒙教育的美丽花环，在传统文化的熏陶中快乐成长。

解译者

2020年6月

目录

赵钱孙李　周吴郑王

赵 zhào

姓氏起源

造父是西周时期的人，是颛顼（zhuān xū）帝的子孙。传说造父是赵姓的祖先，因为他是个赶马车的行家，在一次战争中救驾有功，周天子便把赵城赏赐给他，从此，造父一族将赵姓作为姓氏，赵姓因此流传下来，并将造父奉为赵姓的始祖。目前我国赵姓人口数量排在第八位。

历史名人

赵匡胤（yìn）：宋朝开国皇帝。

赵云：三国时期刘备旗下的名将，是"蜀汉五虎上将"之一。

❀历史故事❀

赵匡胤：陈桥兵变

陈桥兵变，又称"黄袍加身"，是赵匡胤发动的取代后周、建立宋朝的兵变事件。

公元960年正月初一，后周君臣正沉浸在新年的快乐中，忽然镇、定两

州有人来报说有外族合兵入侵，情况危急。

当时刚继位的恭帝年仅七岁，垂帘听政的符太后吓得不知怎么办才好，连忙召见宰相范质想计策。范质思来想去，觉得只有大将赵匡胤能够解救危难。皇上传旨召来赵匡胤，不料他却托辞说手下兵将太少，两军兵力悬殊，无法取胜。范质明知他是在有意找借口，但面对目前紧急军情，只得授予他最高兵权以统帅全国兵马。

赵匡胤领兵浩浩荡荡向前线进发，当走到陈桥驿站时，他下令安营扎寨。当晚，赵匡胤的亲信在军营暗中煽动军心，说："如今皇帝年幼，不能亲政，国家必将内忧外患，不如我们拥立赵将军为皇帝！"第二天一早，突然军营大乱，兵将们拥到帅帐门口，异口同声地高声齐呼："诸将愿拥太尉为天子！"随后亲信赵普将事先准备好的"黄袍"披在了赵匡胤的身上，大家跪地高呼："皇上万岁！"赵匡胤假装推辞，但最终还是答应了。

赵匡胤当众宣布，回开封后，对太后和小皇帝不得惊犯，必须军纪严明，否则严惩不贷！就这样返回京城后，建立了赵宋王朝。这场兵变，没

动一刀一枪就取得了改朝换代的成功。

填字学成语

垂帘（　）政　　　内忧（　）患　　　异（　）同声

李 lǐ

姓氏起源

　　有一种说法说老子李耳是李姓的始祖。因为周朝之前没有李姓，李耳的祖上世代担任大理的职位，理和李读音一样，于是李姓就诞生了。又因为唐朝的国姓为李，唐朝皇帝还专门追封钦定了李耳为李姓始祖。在唐朝，李姓的名人比比皆是，如诗人李白、李贺、李商隐。

　　关于李姓还有一种说法是商代有一个大臣叫理徵，因为得罪了商王而被处死。他的妻子带着儿子逃难，在路上缺衣少食，靠着李子野果才活了下来。理徵的后代为了纪念祖先逃亡的经历，改姓为"李"。还有人认为李姓来源于远古氏族的图腾崇拜，把李树奉为氏族图腾，因而以图腾为姓。

赵钱孙李　周吴郑王

3

历史名人

李耳：即老子。春秋时期著名哲学家，道家创始人。

李世民：唐朝第二位皇帝，开创了"贞观之治"。

李时珍：被称为"药圣"，由他编著的《本草纲目》对中国和世界医药学的发展都起到了重大的推动作用。

李清照：南宋女词人，有"千古第一才女"的称号。

历史故事

勤于观察，开动脑筋

老子就是李耳，字聃（dān），是我国著名的思想家、哲学家、文学家和史学家，是道家学派的创始人和主要代表人物，在道教中被尊为始祖。老子思想具有很强的哲理性，被广泛应用到政治上、个人修身等方面。

老子能有这么大的成就，这与他从小就养成勤于观察、爱动脑筋的习惯是分不开的。有一次，李耳跟小朋友们出去玩，别的孩子上树掏鸟窝、下河摸鱼，别提有多淘气了。可李耳玩了一会儿后，发现一只大蚂蚁正在搬运食物，后来又来了一群。它们好不容易将食物搬到洞门口，可是洞口太小卡在外边了。李耳便好心把蚁洞挖开了，看到好多蚂蚁惊得乱作一团……

通过这件事，李耳想："蚂蚁虽小，但也有大作用。就像人一样，大人物有大人物的作为，小孩子有小孩子的优势，自然界中的万物都有各自的用途，无须刻意攀比，更不应该倚仗自己的庞大就去欺侮弱小，而应顺其自然……"

后来，李耳长大后潜心研究并开始传播道家思想理论，提出道法自然、无为而治、辩证法等思想，由他著写而成的传世巨作《道德经》，又称《老子》，成为对中国人影响最深远的三部思想巨著之一。

填字学成语

如（　）得水　　　意（　）风发　　　乱作一（　）

冯陈褚卫　蒋沈韩杨

陈 chén

姓氏起源

陈姓的始祖是舜帝的后裔妫（guī）满。周武王建立周朝以后，找到舜的后代胡公满，赐给他封地，建立陈国。后来陈国因内乱被灭国后，陈国的子孙为了纪念自己的国家，便以原来陈国国名为姓氏，于是陈姓便流传下来了。陈姓除了源于国名，还有从其他姓氏改姓而来的。在北魏时期鲜卑族侯莫陈氏随北魏孝文帝迁都洛阳后，将侯莫陈氏改为陈姓，所以陈姓有一支是由少数民族改姓而来的。

历史名人

陈平：汉高祖刘邦的重要谋士，西汉王朝的开国功臣、宰相。

陈胜：秦朝末年农民起义的领袖之一，反抗秦朝暴政的先驱者。

陈独秀：中国共产党的创始人之一。

～～历史故事～～

"义门陈氏"的创始人陈伯宣

唐朝中期，有个叫陈伯宣的人，游玩路过江州（今天的九江）庐山附近的永清村，顿时被这里美丽的风景所吸引，便于公元731年，全家搬迁到这里定居，开创了"义门陈氏"。由此，历史上一支最独特的家族"江州陈氏"就此诞生了。

这门陈氏的特别之处就是在诞生后的长达几百年的时间里合居一处，没有分过家。到了唐朝中和四年时，陈氏家族已经数代同居了五十多年，唐僖宗亲笔题赠"义门陈氏"的匾额，其荣德闻名遐迩。

据说，这个家族，由唐朝时期的一家几口人发展到宋朝时，人口达到了三千多人。虽然人数众多，但他们和谐相处，生活井井有条，长幼有序，非常讲规矩，懂友爱。他们同灶而食，开饭时达三百多桌，用餐时，必须人到齐了才能开吃。耕种劳作的时候，所有劳动力一起出动；遇到困难时，

全家互帮互助。陈氏一门传承了三百多年，跨越十九代子孙，秉承和践行了中国传统文化中仁义的理念，曾得到过朝廷无数的褒奖和颂扬。

填字学成语

新（　）代谢　　　　井井（　）条　　　　（　）幼有序

韩 hán

姓氏起源

韩姓出自姬姓，是西周时期的晋国始祖、三晋文化创始人唐叔虞的后代。公元前230年韩国被秦国吞并后，韩国后世的子孙为了纪念韩国，便以国为氏，于是便有了"韩"姓。

历史名人

韩愈：唐代诗人、文学家、政治家，被尊为"唐宋八大家"之首。

韩信：西汉开国功臣、军事家，被后人奉为"兵仙"。

韩非：又称韩非子，战国末期法家学派代表人物，被誉为最得老子思想精髓的两人之一。

～历史故事～

韩信：胯下之辱

韩信很小就父母双亡，缺衣少食，有一位老奶奶看他可怜，就经常送

冯陈褚卫

蒋沈韩杨

7

给他一些吃的。可是总有一些无赖欺负他，所以他就立志习武，将来出人头地。他有一把心爱的旧剑，每天都带在身上。

一天，一个恶霸又挡住韩信的去路，并当众羞辱韩信，还要抢他的佩剑。有个屠夫看到了，不但不帮忙，还嘲笑韩信说："你这个胆小鬼，还挎个破剑！干脆扔了算了！"说完哈哈大笑，还伸手要去夺剑。众人都跟着起哄，韩信死死抱住佩剑不吭声。

恶霸见韩信不说话，就更加得寸进尺地对他说："你要么砍死我，要么就从我的胯下钻过去！"

韩信非常愤怒，但他转念一想：恶霸的行为虽然可恶，但不至于要了他的性命。况且我不能冲动，我韩信将来是做大事的人。如果我刺死他，肯定会做牢，用我的命换他的命，不值得！倒不如暂且就忍下这胯下之辱。

于是，韩信当着众人的面从恶霸胯下钻了过去。史书上称为"胯下之辱"。

后来韩信当了大将军，那个恶霸很怕韩信杀了他。不过，韩信不但没有杀死那个恶霸，反而教导他改邪归正，还让他做了一个小官保护当地百姓。此事很快成为一段佳话，也更加说明了韩信是一个不与小人计较，能屈能伸，一心谋大事的人。

填字学成语

出人（　）地　　　　忍（　）负重　　　　得（　）进（　）

杨 yáng

姓氏起源

杨姓出自姬姓。周朝时期，周武王姬发死后，周成王继位，周成王将唐地封给自己的弟弟叔虞，叔虞的后代被封在杨国，于是这一支就以杨为姓。还有一部分是出自改姓。北魏孝文帝时期，实行汉化政策，将原莫胡

卢氏改姓为杨。隋朝将杨姓作为国姓。

历史名人

杨万里：字廷秀，南宋著名诗人，被誉为一代诗宗。

杨贵妃：即杨玉环，唐朝时期后妃、宫廷音乐家、舞蹈家、中国古代四大美女之一。

～∽历史故事∽～

南宋诗人：杨万里

杨万里（1127—1206年），字廷秀，号诚斋。出生于吉州吉水县（今江西省吉水县）。

他的父亲杨芾（fú）学问深厚，精通《易经》，常常宁可忍饥挨饿也要攒钱购买书籍，在十年之内，积得藏书数千卷。在父亲的影响下，杨万里自幼读书非常勤奋，广师博学，锲而不舍，曾从师于高守道、王庭珪等人，成为南宋著名的文学家、诗人。

绍兴二十四年（1154年），杨万里荣登进士榜列，后历仕宋高宗、孝宗、光宗、宁宗四朝，曾任国子博士、广东提点刑狱、太子侍读、秘书监等职。他一生作诗有两万多首，传世作品有四千多首，被誉为一代诗宗。杨万里与陆游、尤袤、范成大并称为"中兴四大诗人"。因宋光宗曾为其亲书"诚斋"二字，故学者称其为"诚斋先生"。

杨万里的诗歌大多描写自然景物，借景抒情，托物言志，而且擅长七言绝句，创造了语言浅近明白、清新自然且富有幽默情趣的"诚斋体"。此外，也有不少篇章是反映民间疾苦、抒发爱国情怀的优秀作品。例如，"小

冯陈褚卫
蒋沈韩杨

荷才露尖尖角，早有蜻蜓立上头。""接天莲叶无穷碧，映日荷花别样红。"
等诗句，都呈现出一片诗情画意，因此为人们所喜爱并广泛传诵。

填字学成语

忍（　）挨饿　　　锲（　）不舍　　　诗情（　）意

朱秦尤许　何吕施张

朱 zhū

姓氏起源

　　朱姓有四个起源。起源一：来自朱襄氏，是以先祖名字为氏。朱襄氏是伏羲氏的大臣，被封于朱（今河南商丘柘城），后来朱襄氏成为"炎帝"，其后代都以朱为姓氏。朱姓是明朝的国姓。起源二：相传，颛顼帝有个孙子叫吴回，吴回有个名叫曹安的孙子。周武王灭商后把曹安的后代封在邾国。后来，邾国被楚国所灭，国人把"邾"简化为"朱"作为姓氏。起源三：朱姓也来源于子姓。周朝灭掉商朝之后，并没有对商朝的贵族赶尽杀绝，反而对其中一些贵族进行了封赏，如商纣王的兄弟，名叫微子启，微子启有一个后代叫公子朱，其后代分化出来，有的就以公子朱的名字为姓氏。起源四：在尧帝时期，尧帝有个儿子叫丹朱，后来舜帝继位，和丹朱有过战争，丹朱被打败了，丹朱的后代中就以祖先丹朱的名字为姓氏，改姓朱。

朱熹（xī）：宋朝著名的理学家、思想家、哲学家、教育家、诗人，世尊称为朱子，中国教育史上继孔子后的又一人。

朱元璋：明朝的开国皇帝，年号洪武。治国有方，史称"洪武之治"。

朱棣：朱元璋的儿子，他曾经派郑和七次出使西洋。

历史故事

朱熹：教子有方

朱熹是南宋时期著名的学者，他曾说："为学之道，莫于穷理；穷理之要，必在于先读书。"也就是说，成才关键在于读书，而读书与穷理、为学又是环环相扣的。

朱熹非常重视对子女的教育。有一天，他把儿子朱在叫到面前说："你现在已经长大，应该到外面访求名师，这样才有长进。"

朱在听了以后，很不解地问："我常看到别人不远千里前来向您拜师求

朱秦尤许　何吕施张

教，尊您为当今最有学问的人，您为什么还让我外出求师呢？"

朱熹说："我小的时候，父亲就很重视教育，他在我刚会说话时，就教我认识天地万物，逐渐教我学习儒家经典。后来，父亲因为反对秦桧投降卖国主张，被赶出朝廷，一病不起。我只得徒步数百里访求名师，才有了今天的学问。"

朱熹又说："况且，一个人总守在家中，就看不到外界新鲜的事物，还容易被亲人娇惯而懈怠，长期处在这样的环境中，亲情是有了，但是很难建立独立思考的能力，也很难有大进步。自古以来，都是名师出高徒，光靠父母教诲是不行的，难以成为举世英才。所以，你应该外出求师才会有所长进啊！"

朱在听了父亲的话，明白了父亲的用心良苦。于是启程到外地求学去了，并且牢记父亲的教诲，后来官至吏部侍郎。

填字学成语

（　　）而不见　　　　不远（　　）里　　　　用心（　　）苦

许 xǔ

姓氏起源

许姓来源于姬姓。许由是颛顼帝的后代，也是尧帝时期的贤士，后来被尊称为许姓始祖；还有一种起源说法是出自姜姓，姜姓是炎帝的姓氏。在西周初年，周武王姬发找到炎帝之后姜文叔，把许国封赏给他。后来，许国灭国，姜文叔的子孙为了纪念故国，以国名为姓氏，改姓为许。

历史名人

许衡：金末元初著名的物理家和教育家。

许劭：东汉末年著名的人物评论家，曾评论曹操为"治世之能臣，乱世之奸雄"，从此之后"一代奸雄"便成了曹操的代名词。

❀❀ 历史故事 ❀❀

许由洗耳

许由，字道开，号武仲，他是许姓的始祖，是颛顼帝的后代、帝尧时期的贤士。许由洗耳是一个历史典故，出自汉蔡邕《琴操·河间杂歌·箕山操》。

传说上古时代，尧听说许由德高望重，很有才干，出于对他的才能的敬重，就想把帝位让给他。可许由知道尧帝的想法后，连夜逃进箕山，躲了起来。或许是他认为自己德才不如虞舜，担心误了国家大事；又或许是他的确不愿做官，喜欢过清幽娴静的隐居生活。当尧帝派人四处寻找，终于在箕山找到他，请他出山做官时，他坚决不从，执意拒绝。为了表明自己不愿为官的心意，许由跑到河边反复地冲洗耳朵，就当作自己没听到一般。

这条河就是现在碧水清澈、明镜如练的洗耳河。许由以自己淡泊名利的崇高节操赢得了后世的尊敬，并被奉为隐士的鼻祖。

❀❀ 填字学成语 ❀❀

德（　）望重　　　洗（　）恭听　　　举一（　）三

朱秦尤许

何吕施张

张 zhāng

姓氏起源

据史书记载，黄帝的孙子姬挥职务为弓正，又称弓长，是专门负责制作弓箭，他创造了弓和箭矢，因为这种武器制作简单，杀伤力强，所以得到黄帝的赞赏。又因为"弓"和"长"合起来为"张"。所以他被赐予了"张"姓。他的后人也都以张为姓。

历史名人

张良：字子房，汉初名臣。凭借出色的智谋，协助汉王刘邦赢得楚汉战争，建立了大汉王朝。

张骞（qiān）：汉代杰出的外交家、旅行家、探险家，丝绸之路的开拓者，促进了东西方文明的交流。

❦ 历史故事 ❦

张良：四面楚歌

公元前202年，项羽和刘邦在垓（gāi）下决战，刘邦命韩信为主将，统领各路大军。韩信根据地势特征，决定采用侧翼攻击的战术。他让汉军的中军强攻，但要假败，避开楚军的锐气，随后兵分两路夹击，自己则亲率骑兵突袭楚军的侧翼。楚军果然中了埋伏，这时刘邦的援军部队也已到达，将项羽的楚军团团围住。

此时刘邦大军势在必得，但若强攻，楚军必定拼死相搏，也将会两败俱伤。刘邦问计于各位谋士。

张良是刘邦手下出色的谋士，久经沙场，也立过很多战功。他深知项羽骁勇善战，这一次战略失误未必能打倒他，一旦项羽逃回楚地，定会东山再起，卷土重来。兵法上说"攻人为下，攻心为上"。于是张良想到了一条攻心妙计。

张良让刘邦的将士齐声高唱楚国民歌，楚军在异乡听到家乡的民歌后，思乡之情油然而生，纷纷流下泪水，无论项羽怎样鼓动军心都无济于事，彻底丧失斗志的楚军最终被汉军击败。项羽见大势已去，感觉无颜见江东父老，最终在乌江边自刎身亡。历时五年的楚汉战争最终以张良的妙计而告终，刘邦也如愿以偿得到了天下。

填字学成语

四面（　）歌　　　两（　）俱伤　　　东（　）再起

朱秦尤许

何吕施张

15

孔曹严华　金魏陶姜

孔 kǒng

姓氏起源

孔姓出自子姓。商朝的第一代君主叫商汤，他还有个名字叫天乙，在商汤的后代中，有一支将姓氏"子"和商汤名字天乙中的"乙"进行了组合，形成了"孔"氏，后代子孙就以"孔"为姓流传下来；孔姓还有一支起源与微子启有关。周王朝建立后，找到商朝贵族商纣王的兄弟微子启，将宋国封赏给他。在微子启死后，他的弟弟宋微仲继承了王位。宋微仲有个后代叫孔父嘉，后来因为斗争被迫害，他的后代为了避祸跑到了鲁国，并以孔父嘉的名字中的"孔"为姓氏在鲁国定居下来。孔子就是孔父嘉的第六代世孙。

历史名人

孔子：字仲尼，中国古代思想家、教育家，儒家学派创始人，倡导仁义礼智信。儒家思想对中国和世界都有深远的影响，被人们称为"万圣师表"。

孔融：字文举，东汉末年文学家，"建安七子"之一。

孔子：因材施教

孔子是春秋战国时期鲁国人，他是一位伟大的教育家和思想家，被后人尊称为"万圣师表"。他去世后，他的弟子们将他平时的言论汇集编著成《论语》一书，被后人称为是"修身齐家治国平天下"的宝典。

孔子有学生三千多，每天都有学生向他咨询问题，他都能为他们答疑解惑。有一天，子路兴匆匆走过来问孔子："先生，我听到一个很不错的主张，可以立刻行动吗？"孔子慢条斯理地说："家有父亲和兄长在，怎么能不去询问就擅自付诸行动呢？"子路刚出去，冉有心事重重地走到孔子面前，恭敬地问："先生，我听到一个正确的主张，可以立刻行动吗？"

孔子说："认为正确就应该立刻行动。"冉有走后，公西华不解地问："请问先生，同样的问题为什么回答完全相反呢？"

孔子笑了笑说："冉有性格懦弱，办事迟疑不决，很容易失去大好时机，所以我鼓励他果断进取；而子路性格急躁，遇事不假思索，很容易冲动铸成大错，所以我就劝他遇事多听取别人的意见，要沉稳，三思而行。"

不难看出，"因材施教"就是根据不同学生的能力、性格、兴趣制定不同的教育方案。直到今天孔子的教育理念还在沿用不止。

孔曹严华 金魏陶姜

少儿视频版

百家姓全鉴

曹 cáo

姓氏起源

　　曹姓出自姬姓。周武王建立周王朝后，将曹地封赏给他的弟弟叔振铎，建立了诸侯国曹国。到了春秋战国时期，曹国因为自己实力不济被宋国灭亡，曹国的公族子弟为了避祸，纷纷改姓。其中有的为了纪念故国，就改姓为曹。还有一支源流是来自官职名称。古代将看押奴隶的官称为曹官。相传，颛顼帝有个孙子叫吴回，吴回有个叫曹安的孙子。因为在大禹治水时，辅佐大禹治水有功而被赐曹官，后来曹安便以官职为姓氏曹。

历史名人

　　曹操：字孟德，东汉末年杰出的政治家、军事家、文学家、书法家。曾经"挟天子以令诸侯"，成为曹魏政权的奠基人。谥号武皇帝（魏武帝）。

　　曹雪芹：字梦阮，号雪芹，清代小说家、文学家。他的著作《红楼梦》是我国古代四大名著之一，为中华民族留下了宝贵的遗产。

❀ 历史故事 ❀

望梅止渴的故事

　　曹操被称为一代枭（xiāo）雄，是因为他有野心和具备治理天下的能力。曹操从"挟天子以令诸侯"开始征讨四方，对内将割据分裂的局面统一起来，在统一了北方后又开始实施政策改革，建立起魏国。

有一年夏天，天气特别炎热干燥，魏武帝曹操在行军途中一直找不到水源。将士们身穿盔甲，还要拿着沉重的武器，头顶烈日又没有水喝，一个个早已筋疲力尽，恨不得马上就能喝到一口水解解渴。可是走了很长一段路还是找不到水喝，于是就像泄了气的皮球，行军速度渐渐慢了下来，有的人干脆坐在地上不走了。曹操看到眼前情景虽然非常着急，但又不能发怒责罚士兵，因为确实很需要水源解决喝水问题。

曹操在马背上不动声色地想办法，忽然他灵机一动，假装派一个骑兵去前方探路，等骑兵回来后，他大声说："前边有一片梅子林，结了很多又红又大的果子，梅子酸甜生津，可以为将士们解渴了！"将士们一听，眼前立刻浮现出酸甜可口的梅子，嘴里的口水都流出来了。于是瞬间有了动力，加快步伐继续向前走去，终于找到了水源。

填字学成语

精疲（　）尽　　　　不（　）声色　　　　灵（　）一动

戚谢邹喻　柏水窦章

谢 xiè

姓氏起源

谢姓源于姜姓，出自炎帝后裔的封地谢邑，属于以国名为氏。中国王族子孙以地名为姓氏，称为谢氏。河南谢氏，史称谢氏正宗。现代谢氏族

人绝大多数尊奉申伯为得姓始祖。

历史名人

　　谢安：字安石，东晋著名的政治家。谢安处事公允明断，不专权树私，不居功自傲，是中国历史上有雅量、有胆识的大政治家。

　　谢道韫（yùn）：字令姜，东晋女诗人，是宰相谢安的侄女，也是著名书法家王羲之次子王凝之的妻子。

～历史故事～

谢道韫：豪门咏絮才

　　谢道韫是东晋宰相谢安的侄女，也是东晋有名的才女。

　　一天，天降大雪，谢安便召集侄儿侄女们来到堂屋，一起谈论诗文。这时雪越下越大，被风一吹，只见鹅毛般的大雪漫天飞舞，特别壮观。俗话说"瑞雪兆丰年"。这场飞扬的大雪，预兆来年风调雨顺，谢安心里高兴，就兴致勃勃地说："你们看，窗外的景色如此迷人，怎能不加以赞美呢？来，来，来，我先拟一句，你们接续下去，看看谁接得妙？"

　　谢朗和谢道韫当然高兴了。谢安先吟道："白雪纷纷何所似？"其大意是：纷纷扬扬的白雪像什么？谢朗很怕落后，脱口而出"撒盐空中差可拟"。意思是说：这差不多可与将盐撒在空中相比拟。

　　谢安听了，笑着摇头说："把雪比作盐不恰当。雪和盐虽然都是白的，但它们落下来的动态无法相比拟。"谢安转身问谢道韫："韫儿，你又如何赞美呢？"谢道韫谦逊地说："我想好了一句，不知是否恰当，请叔父指教。"于是，谢道韫吟道："未若柳絮因风起"。其中大意是：不如说像风吹

柳絮满天飞舞。谢安听了，觉得很有诗意，赞叹说："好！用柳絮喻雪，轻舞飞扬，妙极！"

从此，谢道韫"咏絮才女"的名声就传开了。后来，谢道韫嫁给了著名书法家王羲之的儿子王凝之为妻，见过她的人都说她堪称一代美才女。

填字学成语

风调（　）顺　　　　兴致（　）勃　　　　（　）纷扬扬

云苏潘葛　奚范彭郎

苏 sū

姓氏起源

苏姓源于有苏氏。当时有苏氏是夏、商、周时期古老的部落。商朝末年，纣王发兵征服了有苏氏，有苏氏献出牛羊、马匹、美女，还有自己的女儿苏妲己。此后，有苏氏便以苏为姓。

历史名人

苏轼：字子瞻，号东坡居士，世称苏东坡，北宋著名文学家、书法家、画家，历史治水名人，北宋中期文坛领袖，"唐宋八大家"之一。苏氏三父子苏洵、苏轼、苏辙合称"三苏"。

苏武：苏建之次子，西汉中郎将，曾出使匈奴，被扣留，但他不屈节，十九年后回国。

百家姓全鉴
少儿视频版

苏轼：出人头地

北宋年间，苏轼到京城参加进士考试。当时的主考官是大名鼎鼎的文学家欧阳修。会考结束，进行批阅卷子的时候，他发现有一篇文章论述时事条理清晰，文风刚劲有力。且文中提出：如果在上位的为人正直，能够以诚待人，那么天下人一定能互相以诚相待。此外，还提出了"为政应当赏罚分明"的观点。

欧阳修一下子就被这精美绝伦的文风所吸引。但当时批卷的形式是不记名式，考官看不到考生的名字，所以欧阳修根本不知道这么好的文章是谁写的，但越看越像自己的学生曾巩所写。为了避免别人说自己作为考官偏袒自己的学生而遭到别人指责，所以欧阳修只得忍痛割爱，十分违心地将苏轼的考卷批阅为第二名。

直到试卷启封发榜时，才知道原来是四川才子苏轼所写，他顿时后悔莫及，深感内疚。不过，在接下来礼部复试过程中，苏轼凭借扎实深厚的学识，顺利取得了进士第一名。欧阳修这才转忧为喜。

欧阳修对苏轼的才华赞赏有加，曾断言"他日文章必独步天下！"他在写给著名文学家梅尧臣的信中说："老夫当避路，放他出一头地也。"于是便有了"出人头地"一词。苏轼后来果真出类拔萃成为北宋中期文坛领袖，跻身于"唐宋八大家"之列。而欧阳修作为一代文坛盟主，乐于奖掖后进，也因此成就了一段文坛佳话。

范 fàn

姓氏起源

范姓源于三皇五帝之尧帝的后裔世孙刘累，在周朝时称唐杜氏，迁移到了杜邑建立杜国，后来杜伯因劝谏而被周宣王冤杀，其封国杜国灭亡，杜伯之子隰（xí）叔逃到晋国，任晋国士师，以官名"士"为姓。后来隰叔的曾孙士会（范武子）做了晋国的上卿，因功高受封于范（今河南省范县），士会的子孙便以范姓为氏，并尊称范士会为范姓的得姓始祖。

历史名人

范雎（jū）：战国时魏人，著名政治家、军事谋略家，官拜秦国宰相，以远交近攻的策略游说秦昭王，终使嬴政吞并六国而统一天下。

范仲淹：字希文，北宋著名的政治家、思想家、军事家、文学家，世称"范文正公"。写有著名的《岳阳楼记》。

历史故事

范仲淹：不以物喜，不以己悲

范仲淹是北宋著名的文学家、政治家，一生为官清正廉洁，勤劳奉公，生活节俭。他从小受家风影响，从不奢侈享乐。他发奋读书，立下远大志

云苏潘葛　奚范彭郎

23

向，不论贫贱富贵都丝毫动摇不了他。

范仲淹在外地求学时，每天只靠吃粥度日，没钱买菜，就把菜叶菜根用盐水腌渍，切碎了当菜吃。后来，有一位富家子弟看见了，便从家中拿来一些饭菜给他。过了几天，这位公子又来给他送饭菜，结果发现前几天送来的饭菜已经发霉不能吃了，就生气地问他为什么不吃。范仲淹诚恳地答谢道："并非我不知感恩公子厚意，只因我平时简陋饭菜习惯了，并不觉得清苦。现在如果贪图这些佳肴，将来怎么能吃苦呢？"

后来，范仲淹考取功名有了官职，但仍然坚持"非宾客不食重肉（两份肉），妻子衣食，仅能自充"的风格，家人在他的教导下，朴素节俭成为家风。

他为人正直，处处以国家为重，曾多次上书批评当时的宰相，并主张变革，史称"庆历新政"。因而三次被贬。即使被贬谪期间，范仲淹仍然坚持自己做人的准则。正如他在《岳阳楼记》中所说："不以物喜，不以己悲，居庙堂之高，则忧其民；处江湖之远，则忧其君。"

他一生矢志不渝地追求自己的人生理想和政治主张，为当世和后人称道。

填字学成语

清正廉（　　）　　　纹（　　）不动　　　（　　）志不渝

鲁 lǔ

姓氏起源

　　鲁姓是周公后裔。周朝初年，周武王大封诸侯，周公旦论功被封到鲁国（都城在今山东省曲阜），为天下最富饶的地方之一。后因周公旦要留在都城辅政，所以派儿子伯禽留守鲁国。后来鲁国被楚国所灭，其子孙被迫迁居下邑（今安徽省砀山县东），遂以国名为姓，称为鲁氏。

历史名人

　　鲁班：春秋末期鲁国人，古代著名建筑工匠、建筑家。

　　鲁肃：东汉末年杰出的战略家、外交家。

历史故事

鲁班发明攻城云梯

　　鲁班从小就非常聪明，长大后，跟父兄们学会了木匠活儿，修桥、建寺、造塔等，样样精通。他勤奋好学，擅长工巧和制作。他曾发明制造了刨子、锯等各种木匠工具，也曾制成会飞的"木鸢"可以飞翔三天三夜才

25

落地。可以说，鲁班不仅是为人类发明制造各种生活用具的能工巧匠，而且还是一个杰出的机械发明家。

鲁班生活在诸侯争霸、战争连年不休的时代。那时，每座城都修筑了高大的城墙，守城的将士关上城门站在城墙上守卫。而攻城的人，爬不上来，闯不进去，常常是围城多日，干着急也攻不进去。

鲁国的国王为了达到称雄天下的目的，命令鲁班制造攀越城墙攻城的器械。鲁班思来想去，忽然想到盖房子时用过的短梯。既然踏着短梯能登上房顶，那么造一个长梯，不就能够爬上高高的城墙了吗？如果站在梯子上还能射箭，不就能打退守城的人了吗？于是，鲁班很快造出了"云梯"。这种"云梯"有防盾、绞车、抓钩等器具，有的配有滑轮升降设备，能在平地上架起来，搭上高高的城墙，上面还能站人射箭。鲁国的国王看后大加赞赏。

因此，鲁班制造了历史上第一架云梯。现代消防器材中的云梯，就是从这云梯发展演变而来的。

填字学成语

独具（　）心　　　　心灵手（　）　　　　一（　）双雕

马 mǎ

姓氏起源

马姓起源于赵国的赵奢。在春秋战国时期，秦国与赵国发生斗争，赵奢带领将士上阵杀敌，打败秦国，赵国君主非常高兴，便将马服这个地方封给赵奢，所以后人都称赵奢为马服君。赵奢的后代，有的便以封地"马服"为姓氏流传下来，后来又经过简化，改姓为马。

马姓也起源于官职。在古代有很多和马相关的官职，如西周时期有个

官职叫作马质，主要负责马匹的征收和检验。春秋时期楚国有个官职叫巫马，主要负责给马匹治病。在这些官职中，有的后代就以祖辈的官职为姓，逐渐简化成了马姓，成为马姓人的重要来源。

马援：东汉初年著名军事家，东汉开国功臣之一，是最著名的伏波将军，被人尊称为"马伏波"。

马良：三国时期蜀汉官员，马谡之兄。刘备称帝建立蜀汉政权期间，任命马良为侍中。

历史故事

马援：老当益壮，马革裹尸

马援是东汉时期的功勋名将，为了保卫国家边疆安定倾尽一生精力，对于东汉时期的边防戍守作出了巨大的贡献。

马援曾经担任郡督邮的小官。一次，他奉命押送囚犯，这名囚犯身有重

鲁韦昌马　苗凤花方

27

罪，必死无疑，马援可怜他家中父母年迈，就私自将他放掉，自己则逃往北地郡，就在当地养马放牧。因为管理有方，发展很快，许多人都来投奔他。他经常语重心长地对周围人说："大丈夫立志，越是穷困，越要坚强；越是年纪大，越要不服老！"人们听了都很佩服他。这句话后来被凝练为"老当益壮"的成语。光武帝刘秀建立东汉王朝后，马援便开始了他的戎马一生，为了安定边关而南征北战。他英勇善战、忠心爱国、为了国家勇于牺牲的精神被广为传颂，为后人所敬仰。在汉光武帝时，他奔赴沙场抵御外族侵略，抗击匈奴，屡建战功，被封为"伏波将军"。不久，威武将军刘尚在贵州阵亡，因此光武帝非常担忧那里的战局。马援自愿请求出征，他说："好男儿为国远征，以马革裹尸还葬。"他出兵贵州，勇战敌兵，后来战死在沙场上，果真成了"马革裹尸"的典范。他的英雄事迹立刻传遍九州，在后世广为流传。

填字学成语

老（　）益壮　　　　南（　）北战　　　　（　）革裹尸

俞任袁柳　郡鲍史唐

袁 yuán

姓氏起源

黄帝公孙氏的族人善于制作车辕。平日里可以驾车游历天下，作战时便把战车与军帐组合起来搭建军营，这样布置的军营被称为"行辕"。所以黄帝的后代中有以辕为氏，后来又简化为袁。

历史名人

袁绍：东汉末年群雄之一。

袁崇焕：字元素，号自如，明末名将，著名的爱国英雄、民族英雄。

~历史故事~

袁崇焕：名震宁远

明朝内部因为争权夺势的斗争越来越激烈，无人顾及边防战事，所以努尔哈赤在辽东取得节节胜利，明军难以抵抗，敌军逐渐威胁京都安全。

明熹宗急了，可是群臣七嘴八舌，谁也没有主见。过了几天，袁崇焕胸有成竹地说："给我一些将士和钱粮，我就可以守住辽东，保卫京师！"

袁崇焕到宁远后，立即组织军民加强城墙增高、修筑炮台等一系列防御措施。他为人厚道，办事果断，将士们都佩服他的胆量和精神，愿意服从他的指挥。就这样宁远保持了四年的安宁。

可是后来，宦官魏宗贤找借口罢免了孙承宗的官职，新官命令将防御全部撤除。袁崇焕坚决反对弃城逃跑，他说："宁可战死在这里，也不撤回关内。"就这样，宁远变成了一座孤城。

努尔哈赤得知宁远城重兵撤离的消息，又亲自率领大军，直扑宁远城。

袁崇焕写了血书，准备誓死奋战。他的勇敢精神感动了全体将士，大家团结一致，准备与努尔哈赤血战到底。

敌军发起猛烈进攻，袁崇焕命令城上将士用火炮、弓箭、石块愤怒还击，随后发射西洋巨炮轰炸金兵的营盘，这才将敌人击退。

努尔哈赤亲自到前线督战。突然又一发炮弹炸开，敌军死伤惨重，仓

俞任袁柳

鄞鲍史唐

29

皇撤退。至此，明朝与努尔哈赤开战以来，取得第一次伟大的胜利。努尔哈赤身受重伤，不久就含恨而死。这就是历史著名的"宁远大捷"。袁崇焕也因此声名远扬。

填字学成语

七嘴八（　　）　　　　胸有成（　　）　　　　（　　）避三舍

费廉岑薛　雷贺倪汤

费 fèi

姓氏起源

相传颛顼的裔孙伯益（大费）曾协助大禹治水有功，被封于费（今山东费县）。伯益有两个儿子，长子大廉继承了他的爵位，次子若木没有得到爵位而沦为平民，就用父亲的封地名作为自己的姓氏，他的子孙后代便以"费"为姓。

历史名人

费祎：字文伟，江夏人，三国时期蜀汉名臣，与诸葛亮、蒋琬、董允并称为"蜀汉四相"。深得诸葛亮器重。

费仲：商朝重臣。商纣王囚禁西伯昌（周文王姬昌），周朝大臣通过费仲献美女、奇物、良马，才使周文王得救。

费祎：深明大义的蜀汉名臣

费祎（yī）为人性格谦恭真诚，廉洁奉公，是三国时期蜀汉名臣，也是"蜀汉四相"之一。著名军事奇才诸葛亮对他非常器重，并在《出师表》中称赞费祎等人"皆良实，志虑忠纯。"

费祎曾多次出使东吴，就算孙权、诸葛恪这些智勇双全之人故意言辞刁难，费祎也都能马上据理以答，言辞大义都能兼而有之，令人无可挑剔。当时魏延与杨仪不和，经常因为一些小事就会争论得面红耳赤，费祎常为二人调和，褒扬他们各自的长处，以此化解他们之间的隔阂，让他们能够心平气和地各尽所能，共谋大业。

孙权非常惊异于他的才能，每次见面，都会真诚地以礼相待。有一次分别时，孙权十分恭敬而又无比遗憾地对他说："先生是天下淑德之人，将来必将成为蜀国的股肱（gōng）重臣，恐怕不能常来东吴了。"临行前，孙权拿出自己常用的宝剑赠给费祎。费祎辞谢道："臣不才，怎能担当明公重任？不过这宝剑是用来讨回公道、禁止暴乱的物件。只愿大王能够拿它勤于建立功业，共同帮助刘皇叔匡扶汉室基业，这样的话，就不枉微臣我到东吴之行了。"

费祎回到蜀国后，果然不出孙权所料，官职不断上升。诸葛亮死后，他初为后军师，再为尚书令，再迁大将军，执行休养生息的政策，为蜀汉的发展尽心竭力，深受后人爱戴。

填字学成语

（　）勇双全　　　　面红耳（　）　　　　心（　）气和

费廉岑薛　雷贺倪汤

31

薛 xuē

孟尝君是"战国四公子"之一，他的父亲田婴因为功劳卓著，被齐王封于薛地。田婴死后，孟尝君继承薛地。他的后代子孙就把封邑名作为姓氏，自称薛氏。

历史名人

薛礼：字仁贵，绛州龙门人，中国唐代贞观年间的著名将军。

薛稷（jì）：唐朝大臣、书画家。他的书法与欧阳询、虞世南、褚遂良并称"唐初四大家"。

～历史故事～

薛仁贵：一举成名

薛礼，字仁贵，大家习惯称他薛仁贵。他的父亲早亡，家境较为贫寒，所以他更知道刻苦努力，习文练武，样样精通，而且他天生臂力过人，常得到别人夸奖，但毕竟是战乱年代，在当地也没有什么前途。

直到有一天，他听说当今皇帝要御驾亲征，此刻正是需要猛将的时候，于是就辞别妻儿，应征入伍。刚出战不久，薛仁贵就凭借勇猛立了大功。

李世民亲率大军征讨高句丽时，在两军战场上，唐朝将领刘君邛被敌军团团围住，无论怎么拼杀也无法脱身。就在这危急时刻，薛仁贵单枪匹马冲入阵营，仅仅几个招式就直接取下敌军将领的人头，随后将其首级悬挂于马上。敌人一看这勇猛的气势，吓得魂飞魄散，慌忙撤军，刘君邛也

因此获救。

　　一名小小士卒竟然能有如此大将之风，真是令人叹为观止，所以经过这一场战役，薛仁贵便一举成名。

填字学成语

（　）羊补牢　　　　单枪（　）马　　　　叹为（　）止

滕殷罗毕　郝邬安常

罗 luó

姓氏起源

　　罗姓是史书称为"祝融八姓"的后裔。祝融是帝喾时期的官员，被后人尊为"火神"。西周初期，祝融的子孙被封地于宜城，建立罗国。后来，罗国灭亡，祝融的子孙便以"罗"为姓氏。

历史名人

罗贯中：元末明初著名的小说家，是《三国志通俗演义》（俗称《三国演义》）的作者。

罗牧：明末清初著名画家，是江西宁都人，其擅长诗文书画，是"江西画派"的创始者，被誉为"江西派英才"。

历史故事

罗贯中：全神贯注

大家都知道元末明初著名的小说家罗贯中，是《三国演义》的作者，但是，你可能还不知道他在写《三国演义》时，因为构思小说里的故事情节，精神太过于集中，还因此闹过很多笑话呢。

相传有一天，罗贯中的家里人都出去了，只有他一人在书房里专心致志地写作。这时，有一个乞丐进到院子里来讨吃的，可怜巴巴地说："秀才行行好吧，小人我已经断粮好几天了。"

当时他正写到"群英会蒋干中计"这一篇，就是周瑜引领蒋干察看后营粮草那一段故事情节，此刻忽然耳边听见有人说"断粮"，他头也没抬，大声说道："营中粮草堆积如山，你尽可取之！"说完，仍然只顾埋头写作。乞丐听他这么一说，竟然毫无顾忌地到米袋中取出一些米就走。

等他缓过神儿来的时候，那乞丐早就无影无踪了。

填字学成语

（　）中精力　　　专心（　）志　　　无影（　）踪

乐于时傅　皮卞齐康

于 yú

姓氏起源

西周初年，周武王封他的儿子到邘（yú）邑为公侯，时人称他为邘叔。后来，邘叔的子孙就以国名为氏而姓邘，此后"邘"姓又被简化为"于"姓。

历史名人

于成龙：字北溟，号于山，清初名臣、循吏，被康熙帝赞誉为"清官第一，天下第一廉吏"。

于谦：明朝名臣、民族英雄。

历史故事

于成龙：清朝第一廉吏

于成龙的一生可以用"大器晚成"四个字概括。他虽然四十多岁才当上县令，但他却是一个忧国忧民的清官能吏，是三晋大地的良士先贤，是康熙帝称其为"清官第一，天下第一廉吏"的第一人。在于成龙当官治理的地方，百姓都传颂他廉洁奉公，称赞他亲民善政。

于成龙在穷僻之地做知县的时候，也能与老百姓和睦相处，百姓都把他看作是"如同家人，亲如父子"。

有一次，在他迁官离任的时候，百姓得知消息都前来拦路痛哭流涕，甚至拦住马头不让他走。他也同样心中有万分不舍，可是又有什么办法呢？那时候他也只能含着眼泪对百姓们说："朝廷任命我到别处为官，我怎能抗旨不遵呢？"于是百姓不得不让开道路，随后又跪在路旁抽泣不止。

有一个盲人仍然不肯离开，于成龙问他为何不走，盲人说："大人您为官清正，不但不贪污，反而将自己的俸禄拿来救济穷苦百姓。我平日里受您恩惠，如今您离开罗城县路上没有钱吃饭怎么办？我什么也不会，只会算命赚点钱。我与大人同行，或许关键时候能有个照应。"

于成龙听得热泪盈眶，点点头说："也罢，在家里你也是孤身一人，离开这里我也是不放心，那你就跟我走吧。"于是二人同行。

填字学成语

大（　）晚成　　　　痛哭（　）涕　　　　热（　）盈眶

伍余元卜　顾孟平黄

孟 mèng

姓氏起源

春秋时期，鲁桓公的儿子庆父祸乱鲁国，杀害了国君后畏罪出逃。因庆父在庶子中排行老大，而"孟"字在兄弟排行次序里代表庶长子。庆父的后裔为了逃避弑君之罪，就隐姓埋名改姓称孟孙氏。后来，孟孙氏又简

化为孟氏。

历史名人

孟子：即孟轲，战国时期哲学家、思想家、政治家、教育家，儒家学派的代表人物之一。

孟浩然：唐代著名诗人、文学家。

历史故事

孟母三迁

孟子小时候家里非常穷，住在墓地旁边。他看见墓地办丧事很热闹，于是经常和邻居家的小孩儿一起模仿。孟母看见后很担忧，心里想："我不能让我的孩子住在这里，这样会荒废学业！"于是孟母决定搬家，这回搬到了市集旁边住。不久后，孟母又发现孟子不好好学习，反而和邻家小

伍余元卜　顾孟平黄

37

孩玩起了模仿商人做生意的游戏。孟母知道了，没有责怪孟子，于是又带着孟子搬家了。这一次，他们搬到了文庙附近。每月初一，总能看到大小官员到文庙行礼跪拜，他们互相拱手问候，谦谦有礼的样子。孟子看见后时常学来给母亲看，孟子的母亲满意地点点头说："这才是我儿应该住的地方呀！"

后来，孟子成为战国时期非常著名的政治家、思想家，是儒家学派的代表人物之一，与孔子并称"孔孟"。他继承了孔子的仁政学说，在诸侯国合纵连横，战争不断的时期，作为锐捷的思想家，孟子意识到时代的特性和趋势，构建了自己的学说体系。晚年时，他与弟子共同编写成《孟子》一书，很快被广为流传，至今仍然经久不衰。

填字学成语

（　　）闹非凡　　　　谦谦有（　　）　　　　经（　　）不衰

黄 huáng

姓氏起源

黄帝有一个后代叫伯益，伯益的后代中有一支生活在淮河流域，被称为"黄夷"。后来商朝被灭，黄夷臣服于周，被周封为诸侯国，建立黄国。后被楚国所灭，黄国宗室后代便以黄为姓氏。关于黄姓的来源有很多种说法，如来源于国名，来源于官位，还有的黄姓是由少数民族改姓而来。

历史名人

黄道婆：又名黄婆、黄母，原松江府乌泥泾（今属上海市）人，宋末元初著名的棉纺织家、技术改革家，是中国纺织第一人。

黄飞鸿：三岁随父亲学武，七八岁开始跟随父亲闯荡江湖。"无影

脚""五形拳""铁线拳"等都是黄飞鸿的绝技，他是晚清时期武术界的领袖人物，也是赫赫有名的洪拳大师。

历史故事

古代纺织第一人：黄道婆

　　黄道婆（1245—1330年），又名黄婆、黄母，我国宋末元初著名的棉纺织家、技术改革家，在纺织业的历史上占有举足轻重的位置。

　　她出生于上海乌泥泾镇的一个穷苦人家。由于世道多难、家境贫寒，很小就失去了亲人，变得孤苦无依，所以她自幼就跟劳动紧密地连在一起。她整天跟着大人们包棉花、弹棉花、织布，后来黄道婆发现人们用手一颗颗剥棉花，太浪费时间，而且织布也存在很多问题需要改进。带着这些心思，她历经千辛万苦，来到当时纺织技术比较发达的地区崖州（今海南岛）学艺，并在此生活了三十多年。后来，她把学到的技术进行总结和改进，并把先进的纺织技术和纺织工具带回故乡，传授给松江府乌泥泾的老百姓，教乡人改进纺织工具，制造出擀、弹、纺、织等专用机具，织成各种各样实用美观的棉织品。

　　概括来说，黄道婆对棉纺织业的贡献主要有三个方面：一是传授纺织技艺，二是革新棉纺织工具，三是推广棉花种植。由此，极大地推动了淞沪一带棉纺技术和棉纺织业的发展，使淞沪成为当时全国棉纺织业的中心，并赢得"衣被天下"的声誉，成为布业的始祖。

伍余元卜　顾孟平黄

填字学成语

举（　）轻重　　　　千辛（　）苦　　　　各种（　）样

39

和穆萧尹　姚邵湛汪

萧 xiāo

姓氏起源

　　萧姓源流很多。有一种说法是出自子姓，是以国为名氏。周代宋国微子之后，封于萧，成为宋的附庸小国。后来被楚国所破。其子孙便以国为氏，西汉相国萧何即为其后。还有说是出自伯益后裔。伯益曾为舜时的火正，曾协助大禹治水，得封于萧地，建立了萧国，并以国为氏。

历史名人

　　萧何：西汉初年政治家、宰相，西汉开国功臣之一。

　　萧统：南朝梁文学家。

～历史故事～

成也萧何，败也萧何

　　萧何是一位杰出的政治家，深谋远虑，曾辅助刘邦建立西汉政权，深得刘邦器重。韩信就是经过萧何举荐而成为刘邦手下的大将军，东征西讨立下汗马功劳，后来被封为"楚王"。

刘邦晚年怕死后国家落入旁人手里，就想尽办法铲除身边隐患。很快，刘邦用计生擒了韩信，收回兵权，改封"淮阴侯"。韩信被削去王位，心里愤恨，正巧陈豨想在北方叛乱，于是韩信同意在长安做内应。

陈豨果然举兵反叛，但韩信准备在长安造反的事不幸走漏消息。吕后知道此刻不能打草惊蛇，只有把韩信骗进宫里，才能将他捉住，否则无人能打过韩信，可又怕韩信识破计谋不肯进宫。最后决定由萧何出面，因为韩信最相信萧何。于是萧何找到韩信，假称刘邦传回捷报说"叛军已败，陈豨已死"，所以特意邀请韩信进宫向吕后贺喜。韩信做梦都不会想到，曾经极力举荐自己，而且一向过从甚密的萧何会是主谋。结果韩信刚一迈进宫门，就被事先埋伏的武士一拥而上，将手无寸铁的韩信捆绑起来。为了免除后患，吕后将这一代名将残忍地杀害了。

民间因此有了"成也萧何，败也萧何"的说法，常以此来比喻事情的成功与失败、好与坏都是由同一个人造成的。

填字学成语

（　）谋远虑　　　　（　）马功劳　　　　打（　）惊蛇

祁毛禹狄　米贝明臧

毛 máo

姓氏起源

周文王姬昌的儿子伯聃受封于毛邑，爵位为伯，故世人称他为毛伯聃。伯聃当时在周王室任司空之职，负责土木工程等建筑事务，他的后世子孙

祁毛禹狄　米贝明臧

41

便以其封地"毛"为姓氏。

　　毛遂：战国时期赵国人，平原君的门客。

　　毛惠远：南北朝时期齐国画家。

历史故事

毛遂：自荐成名

　　战国时期，秦国较为强盛，秦赵两军交战后赵军败退。秦军主将白起领兵乘胜追击，包围了赵国都城邯郸，赵国形势万分危急。

　　平原君奉赵王之命，要去楚国求兵解围，为了安全起见，他决定在自己的门客中挑选二十个文武全才的人一起去。只可惜三千门客，挑来选去还是差一个人。

　　这时，只听见坐在最后位置的门客站起来很有礼貌地大声说："先生此番到楚国去签订合纵盟约，准备带领二十人一同前往，现在缺少一人，希望先生就以毛遂凑足人数出发吧！"平原君问道："先生来到我门下几年了？"毛遂说："三年了。"平原君又说："有才能的人活在世上，就像锥子放在口袋中，它的尖儿很快就会冒出来。可是你在我门下已经三年了，却从来没有听到你有什么才华显现出来，先生还是留下来吧，不能与我同去！"

　　毛遂说："我是尖利的锥子，今天就请平原君将我放入口袋中吧。假如我早就处在口袋中，我的锋芒早就露出来了，而不仅仅是露出尖梢而已。"

平原君终于同意带上毛遂一同前往。到了楚国后，毛遂挺身而出，展现出聪敏的口才，勇于陈述利害关系，最后楚王终于答应出兵援救赵国。从此，毛遂名声大振。

填字学成语

邯（　）学步　　　毛（　）自荐　　　挺身而（　）

狄 dí

姓氏起源

狄姓源于姬姓，出自商末周初北方民族狄族。尧封黄帝的后人姬姓氏族为狄氏、翟氏，世代居于北地，其后世的子孙中有取族名的谐音汉字为姓氏者，称狄氏。

祁毛禹狄　米贝明臧

少儿视频版

百家姓全鉴

狄仁杰：唐朝时期宰相，杰出政治家。

狄青：宋朝大将军。

历史故事

狄仁杰：宽宏大量

狄仁杰是唐朝时期杰出的政治家。他一生为官，两次做宰相，终生清廉，为民请命，除恶扬善，惩治腐败，铲除贪官，辅助武则天建立盛唐大业，是武则天非常器重的人。

有一天，武则天召见狄仁杰，对他说："虽然你一直尽心尽力为朝廷效忠，不过，朝中还是有很多人在我面前说你的坏话，你想不想知道他们都是谁呢？"狄仁杰听后，很坦然地说："禀皇上，微臣不想知道，臣既然做的都是正义之事，就不怕别人议论。况且吾皇圣明，倘若微臣哪里做得不对，陛下定会亲自告诉微臣，那么臣何必再去追问是谁，并因此与他人结怨呢？"

武则天听到了狄仁杰的话，顿时心生喜悦，更加钦佩狄仁杰的大度，而自己差点听信谗言，错怪了忠心耿耿的良臣。

填字学成语

尽心尽（　）　　　议（　）纷纷　　　忠心耿（　）

宋　sòng

姓氏起源

宋姓渊源主要有二。一是源自轩辕黄帝直系后裔；二是以国名为氏。周武王封殷王帝乙长子微子启于宋。宋传国三十六世，后为齐、魏、楚三国所灭，子孙便以故国名"宋"为氏。

历史名人

宋玉：字子渊，是中国古代十大美男子之一，战国时楚国著名的辞赋家、文学家。有《九辩》等传世。

宋应星：字长康，明代科学家，有科学巨著《天工开物》传世。

历史故事

宋玉：曲高和寡

宋玉是中国古代十大美男子之一，他的辞赋作品也像他的体貌一样俊美飘逸，因此也遭到了很多人的嫉妒，甚至受到了很多言辞攻击。

宋玉有个好朋友名叫景差，虽然也嫉妒他的才华，但还是将宋玉引荐

给了楚王。宋玉懂音律，喜欢写一些辞赋、填曲，而楚王也非常喜欢辞赋，所以经常跟宋玉吟对辞赋。但楚王发现宋玉的文风很像屈原的风格，而楚国王室因为屈原投江之事都很讨厌屈原，所以就对宋玉说："你的文辞很美，但风格不适合楚国，你何不顺从楚国人的欣赏习俗，改变文风，让楚国人都重视你的美德呢？"宋玉听后，并没有直接辩解，而是极其从容淡定地说："大王，我听说从前有个很会唱歌的人，他的歌声很美，很多人都愿意效仿他。一开始歌词比较通俗，学起来也容易，所以每唱一首歌，都城里就会有几千人跟着唱；后来因为精彩而略有难度，能学唱的也就剩几百人了；再后来随着唱歌的难度提升，能够跟着唱的人就越来越少；当歌曲唱到精彩处，节拍和曲调都美到了极致，可是此时能学得惟妙惟肖的人还不到两三个，所以说，越是绝妙的曲调，就越很少有人能够唱和。"楚王听后觉得很有道理，也就不再说什么了。

后来"曲高和寡"作为一个精妙的成语被流传下来。

填字学成语

（　）而不实　　　惟（　）惟肖　　　曲高（　）寡

庞 *páng*

姓氏起源

周文王之子名为毕公高，毕公高的后代中旁系子孙被封于庞地，后来就以邑名为氏。

历史名人

庞涓：战国初期魏国名将。相传与孙膑都是鬼谷子的弟子。

庞统：三国时期刘备的重要谋士。人称"凤雏"，与"卧龙"诸葛亮齐名。

历史故事

大材小用

庞统小时候为人朴实，表面看上去并不聪明，但他非常刻苦，学得满腹经纶。他的叔父庞德公非常看重他，断言有朝一日定能出人头地，名声显扬。

鲁肃熟知庞统的才华，将他推荐给刘备。当时刘备看他相貌一般，并没有太看中他，于是就将庞统分配到耒（lěi）阳去当县令。庞统心里很不高兴，但又一想，没有饭吃也不行啊？唉！都说你刘皇叔知人善用，也不过如此而已！既然你刘备瞧不起我，干脆我就混日子吧！

于是，庞统整天借酒消愁，也不处理公文。刘备知道后，就派张飞前去巡视，不干活儿就得免他官职。张飞到了以后，庞统将积压一百多天的公文不到一天就全部处理完毕，而且处理得井井有条，分毫不差，彰显了他的才华。

计伏成戴　谈宋茅庞

张飞如实禀告刘备，刘备这才似有所悟。诸葛亮得知以后大力推荐说："庞统非比寻常之人，人称'凤雏先生'，主公千万不可大材小用啊！"刘备听了诸葛亮的建议，立即将庞统升为军师中郎将。

填字学成语

有（　）一日　　　井井有（　）　　　大（　）小用

熊纪舒屈　项祝董梁

屈 qū

姓氏起源

屈姓源于姬姓，出自远古黄帝后裔狂屈竖，属于以先祖名字为氏。狂屈竖是黄帝属下武将，在平定蚩尤之乱时立有大功。后来狂屈竖的子孙便

沿用其名字为屈氏。

历史名人

屈瑕：春秋时期楚国军队著名统帅。因被封于屈邑，其后代以封地为氏，遂称屈氏，为屈姓先祖。屈原是其后裔。

屈原：战国时期楚国诗人、政治家。任三闾大夫、左徒，兼管内政外交大事。

历史故事

爱国诗人屈原

屈原是楚国贵族出身，少年时受过良好的教育，学识渊博，志向高远。早年受楚怀王信任，任三闾大夫、左徒，兼管内政外交大事。主张对内举贤任能，修明法度，对外力主联齐抗秦。他不仅是一位政治家，同时也是一位著名的文学家，伟大的爱国诗人。

在公元前278年的农历五月初五这天，屈原听到秦军攻破楚国都城的消息后，悲痛万分，心如刀绞。更加愤恨楚王不听自己的主张，致使今天的秦军破城而入。纵使现在有心报国，也无法挽救这灭国的局面了！

屈原不想忍受这亡国奴的耻辱，于是决定以死明志，他毅然决然地写下绝笔诗《怀沙》之后，便纵身跳进汨罗江，以身殉国，以自己宝贵的生命谱写了一曲壮丽的爱国主义乐章。

沿江的百姓听说了这件事，痛苦不已，纷纷划着小船前去打捞，可是怎么也没捞到屈原的身体。人们越聚越多，有人怕屈原的身体被江里的鱼虾吃掉，于是纷纷将饭团、鸡蛋等食物投入江中，希望鱼虾吃饱了米粮，

熊纪舒屈　项祝董梁

49

就不会再啃食屈原的身体了。有人向江水里倒入雄黄酒，还有人把饭团用树叶包好，然后用彩丝线捆扎起来，防备被蛟龙吃掉。

后来，这些做法逐渐演变成了"端午节"习俗，人们用赛龙舟、喝雄黄酒和吃粽子的方式来纪念伟大的爱国诗人屈原。

填字学成语

举贤（　）能　　　　心如刀（　）　　　　（　）少成多

项 xiàng

姓氏起源

项姓出自芈姓，为楚国王族后裔。春秋时期，楚国公子燕受封于项城，后来建立了项国。等到项国被齐国灭掉后，其子孙遂以国名"项"命姓氏，称项氏。

历史名人

项羽：秦朝末年起义军领袖、杰出的军事家，建立西楚政权，世称"楚霸王"。

项庄：项羽麾下的武将，鸿门宴中舞剑，意在刺杀刘邦。

项羽：乌江自刎

项羽军队被刘邦三十万大军包围在垓下，此时不但兵少，而且粮草也不充足，要想突围很困难。况且四面汉军忽然唱起了楚歌扰乱军心，很多楚军逃离而去，剩下的军士也都泪流满面，已经无心恋战。于是，项羽只得率领骑兵趁夜突围。天亮后，汉军发觉项羽不见了，于是，火速派遣五千精锐骑兵追击，等项羽渡过淮河后，却又迷路了，陷入一片沼泽之地。很快，汉军又追了上来，经过一场激战，项羽又继续向东逃去。此刻，看着身边已疲惫不堪却依旧紧紧追随的部下，项羽心疼地流下眼泪。

项羽等人一路逃到乌江，遇见乌江亭长撑船在此等待已久。亭长劝项羽赶快乘船回到江东，养精蓄锐以图东山再起。项羽苦笑说："上天要亡我，我渡江何用！可叹我当初十万大军渡江奋战，如今几人生还？即使江东父老再度拥我为王，我又有何颜面见我的江东父老！"随后将自己坐下马赐予亭长，然后下马步行，挥起手中宝剑与追兵交战，一口气杀了汉军

熊纪舒屈　项祝董梁

几百人，自己也受了十几处的伤。最后伤痛难忍，长笑一声，自刎身亡。

填字学成语

泪流（　）面　　　　疲（　）不堪　　　　（　）山再起

杜阮蓝闵　席季麻强

杜 dù

姓氏起源

唐尧的后裔在周武王初定大卜时有一个独立的国家，王室称为唐杜氏。周成王时唐国被灭，其后代又被改封到杜地。后来，杜国灭亡，杜姓子孙便以国姓"杜"为姓氏。

历史名人

杜康：夏朝的国君，道家，中国古代传说中的"酿酒始祖"。

杜甫：唐代诗人，自号少陵野老，世称"杜工部"，被世人尊为"诗圣"。

历史故事

杜甫：写诗怒斥皇亲

唐玄宗是唐朝在位最长的皇帝，他在政治上很有成就，开创了唐朝的

极盛时期"开元盛世"。但是后期逐渐懒于处理朝政，宠信奸臣李林甫，并封他为丞相，从此王朝逐渐走向衰败。自从开始宠爱杨贵妃，就更加纵情声色，奢侈无度。不久，李林甫死了，杨贵妃趁机推荐自己的哥哥杨国忠做了丞相，唐玄宗甚至把朝中事务全部交给杨国忠处理。那时候，杨家兄妹权倾朝野，没人敢反抗他们的意愿，把整个朝廷搞得乌烟瘴气。唐王朝迅速走向下坡路，不久后就发生了长达八年的"安史之乱"。

公元753年，杨贵妃等人到曲江边游春野宴轰动一时。诗人杜甫对杨家兄妹这种只顾自己享乐，不管人民死活的行为极为愤慨，觉得当权者不顾民生只顾自己享乐定然会导致国家败亡。所以极为愤慨地挥笔写下了著名的诗篇《丽人行》，这首诗把杨家兄妹奢侈生活作了大胆讽刺和深刻揭露，最终成为一首名副其实的讽喻"史诗"。其中"炙手可热势绝伦，慎莫近前丞相嗔"被后人提取出成语"炙手可热"，以此警示后人要以史为鉴。

填字学成语

权（　）朝野　　　　乌（　）瘴气　　　　名副（　）实

杜阮蓝闵　席季麻强

53

贾路娄危　江童颜郭

贾 jiǎ

姓氏起源

　　西周时，周成王的弟弟叔虞被封于唐。唐叔虞的小儿子公明被周成王之子康王封于贾地，号称贾伯。春秋时，贾国被晋国所灭，贾伯公明的后裔便以国为氏，称贾氏。

历史名人

　　贾逵：字景伯，东汉时期著名的经学家和天文学家。

　　贾谊：西汉文学家。

～历史故事～

贾逵：持之以恒

　　贾逵从小就聪明过人，他父亲去世早，全靠母亲为别人浆洗衣物养家，根本没有时间教育他，大多时间都是姐姐照看他。姐姐给他讲了很多古代圣贤勤奋读书、建功立业的故事，他越听越爱听，也吵着要去上学。可是因为家里穷，根本上不起学。

一天，贾逵的姐姐灵机一动：站在学堂外面偷听，先生不就不会收钱了吗？于是，姐姐带着贾逵到学堂的篱笆外偷听先生讲经授业。可是贾逵个子小，学堂的窗户很高，他只能听见先生的声音，却看不见他授课的情形。姐姐为了让贾逵更好地学习，就抱起他听课。

从那以后，每到上课时间，姐姐就抱着贾逵站在篱笆墙外悄悄地偷听，不敢大声说话。慢慢地，贾逵长大了，他就自己拿着板凳悄悄在窗外偷听，不管刮风下雨、严寒酷暑，从不间断。终于有一天，先生走出学堂招呼他。原来他早就知道贾逵在偷学，先生一直不动声色，就是想看看贾逵到底能坚持多久，没想到一晃就是几年。贾逵一心向学的精神深深打动了先生，也就没有揭发他在外面偷听的事，反而认为他是可塑之才，就高兴地将他收为弟子，悉心教授他。贾逵也不负众望，终于成为东汉时期著名的经学家和天文学家，深受人们爱戴。

填字学成语

全心（　）意　　　　建功立（　）　　　　不（　）声色

颜 yán

姓氏起源

颜姓出自曹姓陆终之后。陆终生有六子，第五子名为安，姓曹。曹安孙儿名为挟，周武王时被封于邾，建立邾国。邾挟的一个后代名为夷父，字颜，又称邾颜公。邾国被楚国灭掉后，颜公的支系子孙中有人以祖父的字为姓，称颜氏。

历史名人

颜真卿：字清臣，唐朝政治家、书法家，创颜体书，与柳公权并称

贾路娄危　江童颜郭

55

"颜筋柳骨"。

颜回：春秋时鲁国贤人，孔子的弟子。

颜真卿：勤学苦练

颜真卿是唐代著名的书法家。为了学习书法，他曾拜唐代首屈一指的大书法家张旭为师，希望在名师的指点下能很快学到写字的窍门，从而一举成名。但拜师以后，张旭却没有向颜真卿透露半点书法秘诀，只是指明字帖的特点，拿一些名家字帖让他临摹，或者是同去游山玩水。

转眼几个月过去，还是得不到书法秘诀，他有些急了。一天，颜真卿壮着胆子弱弱地说："学生有一事相求，请老师传授书法秘诀。"张旭回答说："学习书法，一要工学，即勤学苦练；二要领悟，即从自然万象中接受启发。"颜真卿听了，以为老师不愿传授秘诀，又向前一步，施礼恳求道："老师所说的工学，这些道理我已懂了，恳请老师赐教行笔落墨的绝技。"张旭并没有急于回答秘诀所在，而是慢悠悠地给他讲了晋代书圣王羲之怎样教儿子王献之练字的故事。最后严肃地说："我也是在借鉴古人之法，从中悟出学习书法的秘诀，那就是勤学苦练，感悟自然。要记住，不下苦功的人，是不会有任何成就的。"

老师一席话使他大受启发，从那以后，颜真卿开始勤学苦练，潜心钻研，从生活中领悟运笔神韵，博采众家之长，终于成为一位著名的书法家，他因自创的"颜体"楷书与赵孟頫、柳公权、欧阳询并称"楷书四大家"。

一举（　）名　　　（　）战心惊　　　勤学（　）练

梅盛林刁　钟徐邱骆

林 lín

姓氏起源

　　林姓源自子姓，是商朝末年名臣比干的后裔，属于王侯赐姓为氏。商末，纣王无道，比干冒死直谏被杀。比干正妻陈氏逃入长林山中，生下了儿子泉。周灭商后，因泉生于林中，其父比干坚贞不屈，所以周武王赐以"林"为姓。

梅盛林刁　钟徐邱骆

57

历史名人

林则徐：字元抚，清朝时期的政治家、思想家、诗人，曾主张严禁鸦片，被称为"民族英雄"。

林放：字子丘，春秋末期鲁国人，与孔子同时代。以知礼著称。

～历史故事～

林则徐：虎门禁烟

清朝末期，在西方诸多国家走上强大之路的同时，清王朝的政权却逐渐衰落。在道光年间，鸦片走私越来越严重。鸦片实际上就是害人的慢性毒药。鸦片能让人兴奋、产生幻觉，上瘾之后难以戒除，最终致人死亡。当时，某些西方国家将这被"神化"的毒药输入中国，其别有用心，已经不言而喻。

禁烟运动就是在这种背景下发生的。林则徐身负皇命，前往南方通商口岸主持大局。他截住往来商船，仔细盘查，收缴了大量成箱的鸦片，全都集中堆放在虎门港准备烧毁。

林则徐曾使用过"烟土拌桐油焚毁法"来销毁鸦片，但剩下的鸦片膏却会渗入泥土，吸毒者挖出土来还可以得到原来鸦片的十分之二左右。于是，林则徐又想出第二种方法，就是"海水浸化法"，这种方法有效地将鸦片销毁干净了。为国家挽回损失的同时，也挽救了很多中国人的生命。因此林则徐被称为中国禁烟史上的"民族英雄"。

所以华夏子孙都应该铭记历史教训，远离毒品，珍爱生命，共创祖国繁盛。

骆 luò

姓氏起源

骆姓出自姜姓。据《姓谱》和《元和姓纂》所载，姜太公之后有公子骆，所以其子孙以名为氏。

历史名人

骆牙：南朝陈将领。梁文帝任吴兴太守时，其为将帅，勇冠三军。

骆宾王：号称"神童"，唐代文学家，"初唐四杰"之一。高宗时官至侍御史。

～历史故事～

七岁神童骆宾王

骆宾王是唐朝初期著名的诗人，与王勃、杨炯、卢照邻合称"初唐四杰"。

骆宾王出身寒门，从小就才思敏捷。七岁那年，有一天他家里来了客人。客人见他眉清目秀，乖巧可爱，交谈时落落大方，对答如流，所以特别喜欢他。过了一会儿，父亲建议大家到附近的池塘边观赏风景。他们漫步到池塘边，只见岸边有很多美丽的花草，蝴蝶在花丛中飞舞，柔软的柳

梅 盛 林 刁 钟 徐 邱 骆

条随风飘舞，水面荡起细小的波纹，池塘里一群大白鹅正在欢快地游玩嬉水，好一处田园风光，简直太美了！

客人早就听说骆宾王会作诗，于是指着那群白鹅说："我们以水中鹅作诗如何？"骆宾王当然高兴了，因为他最喜欢作诗了。只见他稍加思索，脱口而出：

鹅，鹅，鹅，曲项向天歌。

白毛浮绿水，红掌拨清波。

众人听了都拍手叫好，纷纷赞叹不已，客人高声说道："真乃神童也！"这首诗也很快被传播开来，尤其是在儿童中流传最广，直到今天仍然经久不衰。

填字学成语

（　）前想后　　　眉（　）目秀　　　落（　）大方

高夏蔡田　樊胡凌霍

蔡 cài

姓氏起源

蔡姓起源有三：一是出自姞姓，为黄帝支裔；二是出自姬姓，为周文王后裔，属于以国为氏；三是少数民族改姓而来，是由女真族乌林答氏和满族蔡佳氏改为汉姓蔡。

历史名人

蔡襄：北宋书法家。

蔡琰：即蔡文姬，东汉时期女文学家，大文学家蔡邕之女。博学多才，擅长文学、音乐、书法。

蔡文姬听琴

东汉末年，有一位著名的文学家叫蔡邕（yōng），他精通音律，琴弹得特别好，而且还通经史、善辞赋、精于书法，可以说是个才华横溢之人。他有个女儿名叫蔡文姬，天生丽质。因为从小耳濡目染，加上饱读诗书，所以她既博学能文，又善于诗赋与音律。在她六岁的时候，就显露出音乐天赋了。

有一天，蔡邕正在弹琴，突然有一根琴弦断了。蔡文姬便问道："父亲，是不是第二根琴弦断了？"蔡邕先是一惊，随后又一想肯定是女儿胡

高夏蔡田 樊胡凌霍

61

乱猜的。于是就故意把第四根琴弦也弹断了。只听蔡文姬又对父亲说："是不是第四根弦断了？"蔡邕又惊又喜，微笑着问女儿："琰儿，你是怎么听出来的？"蔡文姬笑眯眯地说："我天天听父亲弹琴，又怎么能听不出来呢？"从此，蔡邕对女儿刮目相看，精心培养她的琴艺，后来蔡文姬成为东汉时期的美才女，多年后她谱写了著名的古琴曲《胡笳十八拍》。

常言道："天生我材必有用。"其实每个孩子必然有自己的长处，关键在于父母能否及早发现并精心培养。

填字学成语

才华（　）溢　　　　天生（　）质　　　　耳濡（　）染

虞万支柯　昝管卢莫

管 guǎn

姓氏起源

管姓有三个来源：一是出自姬姓，为周文王之后，以国名为氏；二是出自姬姓，为周穆王之后，以邑为氏；三是出自他族改姓，是由锡伯族瓜尔佳氏改为汉姓"管"。

历史名人

管仲：名夷吾，字仲，亦称管敬仲，春秋时期的政治家，辅助齐桓公春秋称霸。

管宁：三国时期学者。

管鲍之交

管仲和鲍叔牙都是我国春秋时期的政治家，齐国称霸与他们的政治能力是分不开的。

管仲和鲍叔牙从小就是好朋友，他们曾经合伙做过买卖。管仲家里比较穷，鲍叔牙相对来说比较富有，所以鲍叔牙本钱出的多，管仲出的本钱少。不过等赚到钱的时候，往往都是分给管仲多一些，而鲍叔牙却很少。伙计们不乐意，嘴里直嘟囔。这时鲍叔牙就会说："管仲家里生活困难，用钱地方多着呢，钱物多分点给他我乐意。"

他们俩也曾一起征战沙场。冲锋时，管仲总是排在鲍叔牙后头；退兵时，管仲又跑到鲍叔牙的前面。大家都说管仲贪生怕死，可鲍叔牙却替他辩解说："管仲不是怕死，而是他的母亲年老，又体弱多病，他要保全生命去奉养母亲。他的勇敢天下少有！"

管仲听了鲍叔牙所说的这些话，心中无比感动地说："生我的是父母，了解我的正是鲍叔牙啊！"后来，人们把他们之间的交往称为"管鲍之交"，

虞万支柯　昝管卢莫

并且作为交友的典范，常以此来形容朋友之间交情深厚、彼此信任的关系。

填字学成语

（　）不思蜀　　　　贪生（　）死　　　　管鲍之（　）

经房裘缪　干解应宗

房 fáng

姓氏起源

尧的儿子开始被封于丹水，史称丹朱。舜继位以后，改封丹朱于房，为房邑侯。丹朱的儿子名为陵，以封地为姓，史称房陵，其后代便以"房"为姓。

历史名人

房玄龄：别名房乔，字玄龄，是中国唐朝的开国宰相。

房融：唐代大臣、翻译家。

历史故事

年少有为的房玄龄

房玄龄出生于官宦之家，他的父亲是隋朝泾阳令房彦谦。他父亲从

小就勤奋好学，通涉《五经》，富于辩才，是魏、齐两朝之间山东著名的学者。

房玄龄自幼生长在这样具有儒雅之风的书香门第，耳濡目染之下，继承了他父亲的风范。不过他小时候虽然天生聪慧，但也很顽皮，对整天背诵经书、诗文也感到厌倦。有一次，父亲出去处理公务，让他背诵《五经》，他因为贪玩没有完成功课。父亲回来后并没有打骂他，而是对他晓之以理，动之以情，他终于明白了父亲教育他成才的良苦用心。从那以后，他刻苦学习，不仅能写诗作文章，而且还博览经史，精通儒家经书，同时还向父亲学得一手好书法，草书、隶书样样精湛，有妙笔生花的能力。在他十八岁时，就考中了进士。

房玄龄后来被秦王李世民招入王府，因善于出谋划策，最终成为唐代初年著名良相、杰出谋臣，是大唐"贞观之治"的主要缔造者之一。李世民称赞他有"筹谋帷幄，定社稷之功"。

经房裘缪 干解应宗

填字学成语

书香（　）第　　　　良药（　）口　　　　妙笔（　）花

丁宣贲邓　郁单杭洪

邓 dèng

姓氏起源

邓姓出自子姓。商王武丁封他的叔父驻守邓国曼城，人称曼侯，改姓曼氏；后来曼氏又改封邓国，称邓侯。春秋时期邓国被楚国灭掉，邓侯子孙为纪念故国，便纷纷改姓邓。

历史名人

邓艾：曹魏名将，官任镇西大将，率军灭蜀汉。

邓世昌：原名永昌，字正卿，清末海军名将、爱国将领。

历史故事

邓世昌壮烈殉国

邓世昌从小资质聪颖，长大后成为清朝北洋舰队中"致远"号的舰长。

他有强烈的爱国心，常对士兵们说："有谁不会死呢？但愿我们死得其所，更有价值！"那时候，日本不断发起侵略战争，邓世昌曾多次表示：

如果我在海上和日舰相遇，一定激烈反击，誓与军舰共存亡！

1894年在黄海海战中，邓世昌指挥"致远"舰奋勇作战，在战斗中担任指挥的旗舰被击中，大旗被击落，邓世昌立即下令在自己的舰上升起中军大旗，指挥官兵集中火力猛烈攻击，连连击中日舰。其余的日舰见状迅速联合围攻"致远号"，使军舰多处受伤，最后燃起熊熊烈火，即将倾斜。在这危急时刻，邓世昌鼓励全体官兵说："我们从军是为了保卫国家，早就将生死置之度外，现在情况危急，我们只有以死相拼了！倭寇的军舰仰仗'吉野号'发起进攻，如果能撞沉此舰，就大功告成了！"全体官兵异口同声地说："跟他们拼了！"话音未落，他毅然发动马达全速撞向日本主力军舰，决意与敌舰同归于尽。不幸的是，军舰在接近日本主力军舰之前就被敌人炮弹击中，沉入海中。

邓世昌坠落海中后，他的部下以救生圈相救，却被他拒绝，他说："我立志杀敌报国，今死于海，义也，何求生为！"最终壮烈殉国。

丁宣贲邓

郁单杭洪

填字学成语

死（　）其所　　　置之（　）外　　　异口（　）声

包诸左石　崔吉钮龚

龚 gōng

姓氏起源

　　相传上古时期，炎帝的后裔、黄帝大臣共工，专门管理水土，因治水有功，被封为"水神"。开始以单字"共"作为家人的姓氏，子句龙继承父职，若干年后，共姓为了避难，有的在"共"字上加一个"龙"字，成了龚姓，是以祖先的官职和组字而来的。

历史名人

　　龚舍：字君倩。西汉经学家，时任谏议大夫。与龚胜并知名当世。

　　龚胜：西汉末年的一位著名人物，三举孝廉，后担任谏议大夫。与龚舍并称"两龚"。

∽历史故事∽

龚胜：崇尚名节

　　龚胜是西汉末年著名经学家，和当时的龚舍一样是以研学明经与崇高名节而著称。他在汉哀帝时期，被召为光禄大夫，常常因为坚持自己的正

直建议而与其他大臣争执。曾经多次上书求见皇帝，述说百姓贫苦、盗贼多、官吏不能爱民如子等令人担忧的现象。后来因为与同朝官员夏侯常有争执，相互怀恨造成了很大影响，皇帝大怒，于是减去他们一半的俸禄。龚胜觉得无颜再在朝为官，承认错误后，请求退职。皇帝念他是一个人才，有心挽留，但他还是坚持不再为官，于是就称病退隐家乡。

后来，王莽篡位当了皇上，因为仰慕龚胜的高名，于是就派将帅送去重礼，想恭恭敬敬地拜他为上卿。龚胜厌恶王莽篡权称帝这件事，所以坚决不答应入朝为官。第二年，王莽又派使者前去聘请，他推说自己年老有病不能胜任，还是没有答应。以后使者接二连三地到他家来以礼相请，他都婉言拒绝。面对使者站在门外不肯离去，他只好对使者说："我蒙受汉朝厚恩，没有什么可回报的，如今已年老多病，很快就要入土了，难道还要以一个身体去侍奉两个姓氏的主子吗？"说完就不再张口饮食，直到十四天后气绝身亡。他那高洁的志行流传千古。

填字学成语

恭（　）敬敬　　　接二（　）三　　　流传千（　）

程嵇邢滑　裴陆荣翁

程 chéng

姓氏起源

重、黎是古史传说中"五帝"时期的大人物。他们的后裔伯符在西周前期被封在程地，建立了程国。程国的人民以国名为氏，于是就有了

程氏。

程颐：字正叔，世称伊川先生，北宋理学家、教育家。程颐与其兄程颢合称"二程"。

程知节：唐朝开国名将。

历史故事

程颐：养物不伤

程颢、程颐兄弟俩都是宋代博学之士，世称"二程"。他们十五、六岁时，拜理学创始人周敦颐为师，共创"洛学"，为理学的发扬光大作出了卓越的贡献。

程颐从小就特别聪明，并认真学习孔孟之道，所以他不仅有高尚志向，同时还有"养物不伤"的仁者情怀。有一次，家里人买来小鱼喂猫，他看见那些鱼儿离开水以后鱼鳃一张一合的，有的吐着泡沫，他实在不忍心看着鱼儿死去。忽然又想起孟子曾说过的话："鱼尾不足一尺的是小鱼子，不能捕杀，集市上也不许买卖，人也不能随便食用小鱼。"于是程颐就将这些还没有死去的鱼儿统统都挑出来，放入书房前面的石盆池中，然后双手托腮静静在一旁观看鱼儿在水中欢快地游来游去的样子。看了一会儿自言自语地说："鱼儿啊鱼儿，是我这颗心使我救活了你们，可身处这天地万物之中，仅凭我这一颗心，又能怎样呢？"

通过这件事，更加坚定了他讲授儒家之道的决心。也因此让我们看到了程颐的圣人之仁、养物而不伤的崇高情怀。

随随便（　　）　　　游来游（　　）　　　自（　　）自语

荀羊於惠　甄麴家封

羊 yáng

姓氏起源

起源一，周代有官职为羊人，其子孙以官职为姓，遂为羊氏，属以官为氏。起源二，出自祁氏，为春秋时晋国大夫祁盈之后，因始封于羊舌，故为羊舌氏，后改为羊氏。

历史名人

羊祜（hù）：字叔子。魏晋时期著名战略家、政治家和文学家。

羊欣：南朝宋著名书法家。

～历史故事～

不舞之鹤

羊祜出身于汉魏名门士族之家，家族以清廉有德著称。羊祜在这样的环境中长大，逐渐成为博学能文、清廉正直、擅长辩论而有盛名于世之人。司马炎称帝后，建立西晋王朝，因为羊祜有扶立之功，就对他大加封赏。

羊祜怕引起贾充等权臣的妒忌，所以每次对提拔封赏总是坚持退让态度，从不贪图名利。他的至诚之心世人皆知，所以英名美德远近传播。他凡事深思熟虑，从不肆意夸耀自己的功绩。但有一件事却令他很难为情。

羊祜家里养了一只鹤，他十分喜欢这只鹤。因为这只鹤不仅仪表整洁淡雅，而且吃饱喝足后喜欢翩翩起舞，十分惹人喜爱。羊祜经常向别人谈起这只鹤如何有灵性，如何仙气十足。有一天，他家来了几位客人，其中有一位客人常听羊祜说起这只仙鹤跳舞的事，于是就提出让这只鹤来给大家表演一番助助兴。谁知这只鹤看见这么多陌生人在场，竟然羽毛松散，一副无精打采的样子。无论羊祜怎样逗引，它就是不肯跳舞。客人们大失所望，嘲笑这只鹤根本就不会跳舞。羊祜当时有些尴尬，但转而又若有所思。

后来人们用"不舞之鹤"来比喻名不副实的人，也用来作自谦之辞，也有喻指有气节而不甘受辱的人等。

填字学成语

深思（ ）虑　　　　无精（ ）采　　　　不舞（ ）鹤

芮羿储靳　　汲邴糜松

储 chǔ

姓氏起源

储姓源自上古有储国，国人以地名为氏；另外根据历来姓氏学者考证，我国的储氏是源于齐宣王时期宰相储子的子孙，因此储氏后人尊储太伯为储姓的得姓始祖。

储子：战国时齐国人。齐宣王时曾为宰相，与孟子结交友好。被尊为储姓的得姓始祖。

储光羲：唐代官员，田园山水诗派代表诗人之一。被尊称为"江南储氏之祖"。

历史故事

"山水田园诗人"储光羲

储光羲出身官宦之家，从小就天资聪慧，勤奋好学。二十岁左右就已经考中进士，授翰林，历任县尉、监察御史等职。安史之乱爆发以后，叛军攻陷洛阳，他的生活彻底被打乱。战乱平息后，他的仕途也不是很顺畅，官场中长期受到排挤压迫，甚至被降职流放。

芮羿储靳

汲邴糜松

他在岭南生活的那一段时光里，经常与王维、孟浩然等几位诗友愉快交往，被人称为"伯仲之欢"。储光羲喜欢诗文，并以山水田园诗著称于当世。有一次王维到他家里做客，开怀畅饮之后，他们一起来到郊外游赏自然风光。他一口气吟出了好几首诗，诗中描绘了勤于躬耕的农人盼望雨露甘霖的急切心情，展现出特殊的社会背景，深刻地反映了一段悲惨的历史。然后他不无凄苦地自我解嘲说："整日无所事事，夕看空山暮雨来，静观众鸟竟栖息。看来，这田园生活才是我的最好归宿啊！"可惜的是，储光羲六十岁左右就病死在岭南。

填字学成语

前仆（　）继　　　　开（　）畅饮　　　　自我（　）嘲

井段富巫　乌焦巴弓

段 duàn

姓氏起源

周宣王继位后把弟弟姬友分封到了郑地。姬友有两个孙子，一个是后来的郑庄公，另一个是与兄长争夺王位的弟弟共叔段。共叔段争夺王位失败，与家人逃到国外，被赦免后又回到郑国。共叔段的子孙始称"公叔段氏"，后来简化为段氏。

历史名人

段秀实：字成公。陇州（今陕西省）人。唐朝中期名将。

段成式：唐代文学家。

段秀实：一生清正

段秀实从小就熟读经史，年龄稍大点就开始练武。他为人谦恭朴实，对父母极其孝顺。在他六岁时，母亲病重，他急得一连几天不吃不喝，等母亲病情好转了才肯吃饭，当时人们称他为"孝童"。长大后，段秀实情志慷慨激昂，立志以拯救天下为己任。后来果真入朝为官。早年征战于西域等地，之后又担任了检校礼部尚书、司农卿等官职。

在他当官期间，经常告诫家人要远离奸佞小人，尤其对那些有篡位野心之人更要断绝往来。段秀实对岐州尹朱泚特别厌恶，所以告诉家人如果朱泚送礼，千万不要收。有一次段秀实的女婿经过岐州，朱泚强行送给他三百匹绫罗。段秀实知道后训斥女婿一顿，但因无法退回，只好将这些绫罗放在司农官署的房梁上，以示警诫。

建中四年（783年）发生了"泾原兵变"，叛将朱泚占据长安，强迫段秀实一起背叛皇帝。段秀实当庭勃然大怒，拿起笏板击打朱泚，随后不幸被人杀害。段秀实死后，有官吏告诉朱泚当初段秀实拒收绫罗之事。于是朱泚命人从房梁上取下三百匹绫罗，竟然原封未动。

填字学成语

慷慨（　）昂　　　　勃然大（　）　　　　原封（　）动

井段富巫　乌焦巴弓

75

车 chē

姓氏起源

相传，远古时有个为黄帝看星象的大臣名叫车区，是个受人尊重的巫卜，有很高的地位。他的子孙便以祖先名字中的"车"为姓，世代相传。

历史名人

车胤（yìn）：字武子，晋南平人。东晋大臣。

车宁：明代大臣。

～历史故事～

车胤：囊萤照读

车胤的祖父曾是孙吴会稽太守。因为灾荒之年请求赈济百姓，被昏庸的吴王下令杀死，此后车胤的家境变得一贫如洗。车胤自幼聪颖好学，专心苦读，立志要光宗耀祖。太守王胡之与车胤的父亲是好朋友，曾对车胤的父亲说："这孩子将来一定能大兴你的家门，让他专心读书学习吧。"

可是他的家中贫寒，白天他要帮助父母干活儿，只有晚上才能看书学

习。当时家里没有钱买灯油，晚上看书就不能点灯。在一个夏天的晚上，他正坐在院子里借着微弱的月光看书，忽然看到许多萤火虫在暗处飞舞，好像小小的灯盏在忽上忽下地跳动，他灵机一动，心想：如果把这些萤火虫聚集在一起，借助它们的光亮不就可以看书了吗？于是他立即站起来去捉那些萤火虫，一会儿就捉了二十几只，然后把它们放在一个用细绢做的口袋里，挂在案头，屋里立即就亮了许多。每个夏夜，车胤都是借着萤火虫发出的微光苦读的。

后来，车胤终于学有所成，入朝为官。

填字学成语

一贫如（　　）　　　光（　　）耀祖　　　灵（　　）一动

全郗班仰　秋仲伊宫

班 bān

姓氏起源

班姓源于芈姓，出自春秋时期楚国斗班，属于以先祖名字为氏。

历史名人

班固：东汉著名史学家、文学家。与他弟弟班超一同撰写成《汉书》。

班超：东汉班彪的儿子，是班固的弟弟。

历史故事

班固：修成《汉书》

　　班固出身儒学世家，自幼受文学熏陶，九岁就会吟诗作赋。他父亲班彪是远近闻名的学者，晚年潜心续写《史记》。受父亲影响，班固也开始喜欢汉代历史。后来父亲去世后，他立志要完成父亲的遗愿。于是在父亲撰写《史记后传》的基础上，开始了撰写《汉书》的生涯。

　　正当班固全力以赴撰写《汉书》之时，有人向朝廷告发班固"私修国史"。汉明帝听后勃然大怒，下诏将班固关进监狱，书稿也全部没收。家人

都知道"私修国史"罪名很大，害怕班固被严刑逼供而凶多吉少。所以弟弟班超火速骑上快马赶赴京城，准备上书汉明帝，替班固申冤。

班超策马昼夜兼程奔赴京城申冤引起了汉明帝的高度重视，于是立即下旨召见班超核实情况。班超将父兄两代人共同修史的辛劳，以及宣扬"汉德"的意向告诉了汉明帝，扶风郡守将查抄的书稿送到京师。汉明帝读完书稿后对班固的才华感到惊异，大加赞赏，认为此书确实是一部经典巨作，同时觉得这样的才华屈居下位实在是不妥，立即下令升迁班固官职，掌管和校定皇家图书。后来历经二十多年，班固终于完成了《汉书》的编撰，实现了两代人的心愿。《汉书》颁出后，学者们争相诵读，并广为流传。

填字学成语

全（ ）以赴　　　凶多（ ）少　　　昼夜兼（ ）

全郗班仰　秋仲伊宫

宁仇栾暴 甘钭厉戎

甘 gān

姓氏起源

商朝公子武丁曾经向甘盘求学，后来武丁即位为商王后，立刻起用甘盘为丞相。甘盘的后代子孙为了纪念先祖，以祖上的名为姓，形成甘氏。

历史名人

甘茂：春秋时期下蔡(今安徽颍上甘罗乡)人，战国中期秦国的名将，秦国左丞相。

甘罗：战国时期秦国名臣甘茂的孙子，著名的少年政治家。

历史故事

甘罗：少年政治家

吕不韦派张唐到燕国当宰相，以便联合燕国攻打赵国来扩大自己的地盘。可是张唐惧怕经过赵国时会被赵国人复仇刺杀，所以推托不肯前去。吕不韦很生气，但又没办法。不过经过十二岁的甘罗一番游说，张唐又答应去了。

甘罗回来对吕不韦说："请君侯替我准备五辆马车，让我先去赵国替张

唐通关。"吕不韦转告秦始皇后获得准许。

赵王按时到郊外迎接，甘罗问赵王："大王听说燕太子丹到秦国当人质的事了吗？"赵王说："有所耳闻。"甘罗又问："您听说张唐要到燕国任相之事吗？"赵王说："也听说了。"甘罗又说："燕太子丹到秦国做人质，说明燕国不敢背叛秦国。张唐到燕国任相，说明秦燕两国友好，而秦燕两国互不相欺，就是想联合攻打赵国扩大秦国领地。大王不如先送我五座城邑来扩大秦国在河间的领地，我会请求秦王送回燕太子丹，再帮助强大的赵国攻打燕国。"赵王觉得这是一举两得的妙计，立即划出五座城邑给秦国。秦国果真送回燕太子丹，赵国便有恃无恐地去攻打燕国，夺取三十多座城邑后，送给秦国其中的十一座。

甘罗虽然小小年纪，却妙计连连，成为战国时期名副其实的少年政治家，名垂千古。

填字学成语

天（　）地网　　　　一举（　）得　　　　有恃（　）恐

祖武符刘　景詹束龙

刘 liú

姓氏起源

刘姓的起源主要有三支：祁姓、姬姓、外族的改姓。有一支刘姓的始祖是刘累，是尧帝的后裔。刘累生于夏朝后期，因为擅长养龙，被当时的君主赐姓为御龙氏。后来因为饲养不善，带着家眷到鲁县（当今的河南鲁

山县）居住，刘累的子孙便以刘累的名字为姓氏，于是刘姓流传下来。

历史名人

汉高祖刘邦：汉朝开国皇帝，世称"沛公"。是中国历史上第一位平民皇帝。

汉景帝刘启：在西汉史上占有重要地位，与其父一起开创了"文景之治"；为儿子刘彻的"汉武盛世"奠定了基础。

历史故事

刘邦建立大汉王朝

秦朝末年，陈胜、吴广起义，同一年，刘邦在旧友萧何、曹参等人拥戴下，在沛县聚兵三千人杀死县官，举兵反秦，而后刘邦被人尊称为沛公。

第二年，刘邦投奔项梁，在项梁死后，与项羽一起拥楚怀王为领袖，成为反秦的主力，并最终将秦朝灭亡。

秦朝灭亡后，也拉开了楚汉之争的序幕。在战争前期，刘邦虽处于劣势，但刘邦知人善任，能充分发挥部下的才能，因此刘邦聚集了一大批良臣强将。在垓下之战，为项羽设下十面埋伏，最终项羽在乌江自刎，西楚霸王从此退出历史舞台。刘邦消灭项羽后，统一中国，建立了大汉王朝。

刘邦建立汉朝之后，继续广招儒生以文治天下，征招武将用于安邦，同时诏告天下万民当以行孝为先。刘邦自从当了皇帝后对自己的父亲更加敬重，认为若没有当初父亲的严厉管教，就没有今天成功的自己，所以他无论朝政怎样忙碌，都坚持每五天去拜见一次父亲。刘邦被人们称作是孝行天下的"英明天子"。

填字学成语

知（　）善任　　　　十面埋（　）　　　　碌（　）无为

叶幸司韶　郜黎蓟薄

黎 lí

姓氏起源

商王朝时期有两个诸侯国名为"黎国"，都是远古"九黎之后"部落的后裔所建：一个在今山西省长治县西南部，在商王朝晚期被周文王姬昌所灭；另一个在今山东省郓城县西部，在商末周初被周武王姬发所灭。这两个黎国的子孙在灭国之后，皆以故国名为姓氏，称黎氏。

历史名人

黎錞（chún）：字希声，北宋经学家，官至朝议大夫。

黎干：字贞固。唐朝时期的大臣，曾任谏议大夫，京兆尹。

"经学大儒"黎锃

　　黎锃出身书香门第的大家族，家族世代谨厚淳朴，以诗礼传家而享有盛名。

　　黎锃年轻时就开始苦读经书，每天夜深人静的时候，依然挑灯研学，甚至到了如痴如醉的境界。相传有一年，他的朋友中有一个非常调皮，又特别喜欢较真儿的人想去试探他，看看他是不是像人们所传说的那样专心致志地读书。于是有一天夜里，他的朋友带着妹妹悄悄藏在黎锃家的书斋窗户下，让自己的妹妹娇声娇气地呼唤"黎公子"。只见黎锃没有丝毫反应，依旧旁若无人地捧着书诵读。他的朋友不肯罢休，又示意妹妹呼唤他的名字，可他依旧目不斜视，忽然脱口而出一首诗说："十里楼台五里亭，忽闻花里唤黎声。状元本是天生成，故遣嫦娥报姓名。"哈哈！原来他把女子的呼唤声当成嫦娥下凡了！他的朋友听了以后自讨无趣儿，摇摇头，确定他真是一个书痴。

　　长大后，黎锃考中了进士，曾留在京城作侍讲。虽然已经很优秀了，但他的志向远大，并不满足于现状，继续专心致力于经学，在人才云集的北宋京师曾名噪一时，众多学士都称他为"经学大儒"。

填字学成语

如痴如（　）　　　娇声（　）气　　　旁若（　）人

白 bái

姓氏起源

白姓有多个源流，有一支源自嬴姓。秦武公死后，公子白未能继立，武公的同母弟德公将王位从公子白手中夺走。德公把平阳封给了公子白。公子白死后，他的后人就以白为氏。

历史名人

白起：秦国时战将，杰出的军事家，一生南征北战，百战百胜，为秦始皇统一中国立下大功，战国四大名将之首，受封"武安君"，世称"常胜将军"，又称"战神"。

白居易：字乐天，号香山居士，唐代杰出的诗人，历任左拾遗、左赞善大夫等。在文学史上有"诗魔"和"诗王"之称。

历史故事

白居易治理杭州

白居易出生在一个比较富裕的家庭，度过了快乐的童年时光。他从小

就聪颖过人，读书也十分刻苦，常常是读得口干舌燥，手都磨出了茧子，后来很顺利地考取了功名。

白居易的思想综合了儒、佛、道三家，以儒家思想为主导，所以他看不惯那些不能利国利民的事情。有一次，他上书论当时河北的军事治理需要改制的问题，结果没有被采用，一气之下请求到外地任职，当年七月被任命为杭州刺史，十月到任。

他在杭州担任刺史期间，发现杭州有六口古井因年久失修无法汲水使用，于是他就号召当地人民一起疏浚这六井，很快解决了杭州人的饮水问题。后来又发现西湖淤塞，致使水流不畅通而导致农田干旱无法灌溉，因此又开始投资人力和物力修筑西湖堤防，使湖水蓄积充足，舒缓了旱灾所造成的危害，并且写了一篇《钱塘湖石记》，将治理湖水的政策、方式与注意事项记录下来，刻于石上放在湖边供后人参考，为此后治理湖水提供了很好的借鉴。

后来任期满时，杭州百姓都对他恋恋不舍，但"君命难违"，他只能奉命到苏州任职。离任前，白居易将一笔官俸留在州库之中作为修建基金，以供继任官员用于治理杭州的资金周转。

填字学成语

（　）言无忌　　　　顺（　）利利　　　　（　）无前例

蔺 lìn

蔺姓出自姬姓周王族，是韩国王室的宗族支系，蔺国君室后裔，以地名命姓。蔺氏族人均尊奉韩康为得姓始祖。春秋时，曲沃成师之子万因功被封于韩（陕西省韩城县），他建立了韩国，他的后代子孙遂以韩为姓。传到韩厥时，他有个玄孙叫韩康，在赵国为官，因功得封蔺国（今山西柳林县孟门），他的后代子孙遂以封国名为姓，称蔺姓。

历史名人

蔺相如：战国时著名的政治家、外交家、赵国丞相，被誉为"中华名相"。与他有关的最重要的三个事件是：完璧归赵、渑池之会、负荆请罪。

蔺子云：南北朝时期南朝宋名将，曾官至冀州刺史。

～历史故事～

蔺相如：将相和为贵

蔺相如和廉颇都是国家重臣，但自从蔺相如被封为上卿以后，廉颇就

非常不服气。有一天，他气愤地说："我是堂堂赵国大将军，立下战功无数，那蔺相如就靠能说会道立点儿功，可他的地位却在我之上，我感到耻辱！我遇见他，一定要羞辱他！"有人转告蔺相如。蔺相如只是微微一笑。从此以后，蔺相如每到上朝时，总是推说病了，不和廉颇碰面。即使在街上远远看到廉颇，蔺相如也是马上掉转车子避开。

蔺相如的门客很不解，问道："我们之所以愿意拜在您门下，是因为仰慕您的勇敢与高尚节义。可如今廉将军恶语相加，您却吓得躲起来。平庸的人都感到羞耻，何况是您这样身份的呢？"

蔺相如不以为然地说："诸位认为廉将军和秦王谁厉害？"门客说："当然是秦王厉害。"蔺相如说："我敢在大殿之上呵斥秦王，羞辱他的群臣，我蔺相如难道会怕廉将军吗？现在强大的秦国之所以不敢攻打赵国，就是因为我们能够文武合力抗秦。自古是二虎相争，必有一伤。我如此忍让，就是为了不伤和气。廉将军直爽，过一阵子就会明白我的心意了。"廉颇知道以后羞愧难当，随即裸露上半身，背着荆条来到蔺相如的门前请罪。他红着脸说："我是个粗野卑贱之人，愧对您如此宽厚大义啊！请您责罚于我！"蔺相如连忙扶起廉颇，二人和好如初。这段佳话后来成了"负荆请罪"的典故。

池乔阴鬱　胥能苍双

池 chí

姓氏起源

　　池姓有多个起源。其中之一是出自嬴姓，始成于战国时候的秦国王族后代，是以祖字为氏。战国时期秦国有个王族公子池，他是秦国的大司马。他的后代就以他的名字作为池姓。

历史名人

　　池生春：别号剑芝，楚雄鹿城人，是明清楚雄"八大翰林"之一。

　　池裕得：号明洲，明朝同安人，嘉靖年间进士，为官清廉。

历史故事

"贫贱神童"池生春

　　池生春出生在一个穷秀才家庭，从小因为没钱进学堂，只能跟父亲学识字。后来条件好转一些才进入学堂，凭借刻苦努力，二十多岁就考中了进士，被选为翰林院庶吉士，几年后便官升为国子监司业。

89

池生春从小就有"神童"之称，而且人小志气大。少年时期，因他的学识品德不同凡响，引起了知府宋湘的注意，随后在经济上给予他很大帮助。后来池生春进入昆明五华书院学习深造，由于学习刻苦，很快成为书院主讲老师的得意门生，跻身于"五华五子"之列。这期间，他的文学才华崭露头角，写了很多抒写胸襟抱负、描绘自然风光的诗，被收入《五华五子诗钞》。

他由于出身"贫贱"，从小就深知劳动的辛苦，所以他对劳动人民非常同情和尊重。为官恪守清廉，供职处处恭谨。

道光十二年（1832年），他被任命为广西提督学政时，发现南宁等府土官索取考生贿赂，致使贫穷子弟被拒学府之外。他愤怒上书，将那些土官撤职。他在主持学政期间，锐意改革，兴办教育，先后创办了十余所书院，经费不足时就用自己官俸添补，使贫穷学子也能卜学。

池生春不仅为官清廉，文学造诣也颇深。除《入秦日记》《直庐记》外，还有《池司业遗集》等，都是经久不衰的传世佳作。

填字学成语

不同（　）响　　　崭露头（　）　　　经（　）不衰

闻莘党翟　谭贡劳逄

谭 tán

姓氏起源

相传周初大封诸侯时，谭国为姒姓诸侯国，被封于谭国。后来谭国灭

亡，留在故国的子孙就以国名为氏，称谭氏，史称谭氏正宗。

谭嗣同：字复生，号壮飞，是"戊戌六君子"之一。中国近代著名的政治家、思想家，维新派人士。其所著的《仁学》，是维新派的第一部哲学著作，也是中国近代思想史中的重要著作。

谭纶：字子理，明朝抗倭名将，杰出的军事家、戏曲家，与戚继光、俞大猷、李成梁齐名。

历史故事

爱国志士谭嗣同

谭嗣同出生在官宦之家，十岁时，拜浏阳著名学者欧阳中鹄为师。在老师的影响下，他对明末清初的思想家王夫之的著作产生了浓厚兴趣，受到王夫之爱国主义思想的启蒙，从此在谭嗣同心中播下了推翻封建思想统治的种子。

他读书求取广博，系统学习了中国典籍，喜欢其中"经世济民"的学说，从中吸取精华，所以他的文章写得论点突出，能够针对当时的封建反动思想发出猛烈攻击。他仰慕那些锄强扶弱的草莽英雄，恨不得自己也能学得一身武艺挺身而出、行侠仗义。

就是在这样一个积极救世的思想下，谭嗣同逐渐成长为一个具有维新思想的著名思想家，他猛烈抨击了"君主专政制度"和清王朝的封建统治思想，在"改良主义"运动中是一个坚强的激进派，也是维新志士"戊戌六君子"之一。不过，遭到当时清政府以慈禧太后为首的顽固保守派强烈

闻莘党翟　谭贡劳逢

镇压，甚至慈禧太后连发谕旨，捉拿维新派人物。谭嗣同听到政变消息后没有临阵逃脱，而是积极筹备营救光绪皇帝的计划。然而终因身单力薄而使计划落空。众人被捕后，谭嗣同依然英勇不屈。于是他在三十三岁时就为"变法"事业献出了自己宝贵的生命，实在令人惋惜。

填字学成语

（　　）世济民　　　　锄强（　　）弱　　　　身（　　）力薄

姬申扶堵　冉宰郦雍

姬 jī

姓氏起源

姬姓是中华上古八大姓之一，为黄帝之姓，是周朝的国姓，也是吴、鲁、燕、卫、晋等诸侯国国王的姓。黄帝与生于姜水之岸的炎帝并称为"中华始祖"。黄帝因长居姬水，便以姬为姓，是姬姓的得姓始祖。

历史名人

姬发：中国周代开国君主，史称周武王，是文王姬昌次子，因其兄被商纣王杀害，他继承父亲遗志，灭商建立周朝，改"帝"为"王"，是中国历史上的"千古第一王"。

周公：本名姬旦，史称周公旦，是周朝历史上第一代周公，谥号周文公。

武王姬发讨伐纣王

周武王即位第二年，率兵渡过黄河"孟津观兵"后，觉得伐纣时机尚未成熟。于是回来后，武王一面加紧练兵，一面派人去探听商纣王的消息。确定殷商纣王整日迷恋妲己、莺歌燕舞不理朝政，已经到了众叛亲离的地步了，武王觉得讨伐纣王的时机已经成熟。

第四年春天，武王发动了空前的灭商战争。他拜姜子牙为帅，八百诸侯也率兵前来助战，在孟津举行的誓师大会结束后，武王就亲率五万大军浩浩荡荡杀奔商朝国都，一路上过关斩将，很快就到了国都近郊"牧野"，双方摆开了决战的阵势。

纣王狂傲地认为以自己的七十万人马对抗周朝五万人马必胜无疑。可他万万没想到武王率领的都是经过严格训练的精锐之师，个个勇猛无敌，而他的部下平日受尽了他的压迫和虐待，对他恨之入骨，早就有反抗之心，所以两军刚一交锋，大多数人掉转矛头反而配合周军攻打商军，纣王大军瞬间土崩瓦解。姜尚随即指挥部队乘胜追击，周武王获得全胜。

填字学成语

分崩（　）析　　　　精锐之（　）　　　　土崩（　）解

姬申扶堵　冉宰郦雍

93

百家姓全鉴

郗璩桑桂　濮牛寿通

牛 niú

姓氏起源

牛姓源于商汤后裔。殷微子封于宋，去之日曰：为人不可无姓。时日当正午，即以"午"字出头"牛"字为姓，此牛氏命姓之本源；宋微子后代司寇牛父败狄长丘，战死后，其子孙以王父（祖父）字为氏，故牛父为得姓始祖。

历史名人

牛僧孺：字思黯，唐朝宰相，唐代著名"牛李党争"中"牛党"的领袖。

牛皋（gāo）：字伯远，南宋抗金名将。牛皋出身农民家庭，南宋初年聚集人民抗金，后来加入岳家军、长胜军。跟随岳飞对金作战中屡立战功。岳飞被害后，因始终反对宋、金两国议和，被秦桧害死。

历史故事

牛皋打猎养家

牛皋出身农民家庭，从小就勤练武功，长大后身强体壮，而且擅长骑马射箭。

牛皋家就住在石碑沟村，那里属于深山老林地带，常有野兽出没，而且人烟稀少。牛皋力大如牛，挑起几百斤的担子还能健步如飞。他每天上山砍完柴，都要砍一棵略粗一些的小树作扁担，然后挑到集市上去卖，换一些钱粮维持生活，就这样与老母亲相依为命。

牛皋对待母亲非常孝顺，每次卖柴回来都把钱交给母亲掌管。可是光靠卖柴为生很难让一家人吃饱饭。牛皋忽然想起自己从小就喜欢弹弓、射箭之类的玩意儿，为什么不把它发挥出来用在打猎之上呢？于是，他每天砍完柴不着急到集市上去卖了，而是带着自己做的弓箭射杀飞禽走兽。就这样天长日久，他的射猎技艺越来越有长进，几乎是百发百中，所以每次进城卖柴，牛皋都要捎带一些野兔、野鸡等猎物卖钱，从此母亲也可以有肉吃了。

由于牛皋在家乡组织"抗金"战斗有功，因此被晋升为西道招抚使及蔡、唐、信军镇抚使。后来又加入"岳家军"，跟随岳飞南征北战，立下不少功勋。

填字学成语

深（ ）老林　　　相（ ）为命　　　南征（ ）战

邰璩桑桂

濮牛寿通

95

边扈燕冀　郏浦尚农

扈 hù

姓氏起源

扈姓主要源于姒姓，为大禹王的后代，是以国名为氏。据《风俗通》《汉书》等载，大禹死后，他的儿子启继承了王位，建立夏朝，自称夏后启。其中有一个诸侯国有扈氏，也是大禹的后人，受封于扈，建立扈国。有扈氏起兵讨伐夏后启，结果战败。有扈氏后人为了纪念国家，以原国名为氏，称为扈氏。

历史名人

扈再兴：字叔起。南宋将领。淮人。曾为京西制置使赵方部将。

扈彦珂：五代时期将领。曾经献计平定三节度使叛乱。

历史故事

扈彦珂献计平定叛乱

五代时期后汉高祖刘知远去世以后，镇守河中的李守贞等三地的节度使联合起来发动叛乱，于是，汉隐帝派遣郭威总领各路兵马前去平叛，扈

彦珂奉命随军出征。

　　平叛大军到了华州以后，主帅郭威与各位将领商议进攻策略。当时多数将领都主张先讨伐据守在永兴的赵思绾和据守凤翔的王景崇。大家议论纷纷，郭威一时间也没了主见，不知到底应该怎么办才好。这时，只听扈彦珂说："现在三方反叛势力已经联合起来，很显然他们推举李守贞为首领，那么我们就应该先讨伐河中李守贞。只要河中被平定，永兴的赵思绾、凤翔的王景崇自然就会群龙无首，不攻自破！何况河中离我们较近，如果我们舍近攻远，不但经历长途跋涉的军兵会疲惫，不易取胜，而且倘若李守贞在后面偷袭我们的后防，就会造成腹背受敌的局势，我们又如何能取胜呢？"郭威一听言之有理，于是采取了扈彦珂平定"三叛连衡"的计策，先去攻打李守贞，果然大获全胜。

填字学成语

群（　）无首　　　腹（　）受敌　　　言之（　）理

温别庄晏　柴瞿阎充

庄 zhuāng

姓氏起源

　　庄姓源流不一。其一是出自西周时期宋国君主宋戴公之后，属于以先祖名字为氏。据《通志·氏族略》记载："出自子姓，春秋时宋戴公，名武字庄，其子孙以王父字为氏。"王父就是祖父。宋国初任国君是微子，是商纣王的同父异母之兄，为春秋时宋国始祖，传到宋戴公时，名武字庄，子

孙后代便以王父字"庄"为氏。

其二是出自春秋时期楚国君主楚庄王之后，是以谥号为氏。楚国君王芈旅去世后，谥号为"庄"，楚庄王的支庶子孙，以祖上谥号为姓，成为庄氏。庄子就是他的后人。

历史名人

庄子：即庄周，战国中期道家学派的代表人物，思想家、哲学家、文学家，庄学的创立者，与老子并称"老庄"。代表作《庄子》等。

庄辛：战国时楚襄王的大臣，曾劝诫楚襄王闻过思改，故得授以执圭，赏赐他淮北之地，并赐封为阳陵君。

历史故事

淡泊名利的庄子

庄子本是宋国公室的后代，但他向来崇尚自由，不愿意做官。

一天，门外忽然一阵车马喧闹后，有人进来拜访。原来是楚威王久仰庄子的才华，想把他召入宫中任用，以助他早日实现争霸天下的宏愿。今天特意派人抬着猪羊美酒等厚礼，聘请庄子去楚国当卿相。

使者们躬身作揖，恭敬地呈上礼物说明来意，不料庄子不慌不忙地说："千金是重利，卿相是尊位，多谢楚王抬爱。可是你们难道没看见祭祀天地所用的牛羊吗？想当初，它们在田野里自由自在，只因模样生得端庄、皮毛光滑就被人选入宫中，从此吃到最好的食物，然而正所谓'喂肥了再宰'。等到祭祀之日一到，这牛羊若想重新回到田野之中，还可能吗？如今去朝廷做官，与这牛羊有什么差别呢？天下君王在他大业未成之时，都会

礼贤下士、招揽英雄，可一旦夺得天下，就忘乎所以、胡乱猜忌，唯恐他人功高盖主，就肆意杀戮。与其那时候唯恐避之不及，何苦现在费尽心机去争名夺利呢？"这些人见庄子对世情功名的评价如此深刻，只得无果而归并将庄子的话转告楚王。

从此后，庄子依然过着无拘无束的生活，在哲学思想上继承和发扬老子"道法自然"的思想观点，使道家真正成为一个学派，自己也逐渐成为道家的重要代表人物，与老子并称"道家之祖"。

填字学成语

自（　）自在　　　礼贤（　）士　　　争名（　）利

慕连茹习　宦艾鱼容

艾 ài

姓氏起源

艾姓起源于辅佐夏朝少康帝中兴夏朝的大臣汝艾，因其功高，少康帝赐其姓艾，汝艾即为艾姓的得姓始祖。

历史名人

艾南英：字千子，号天佣子，抚州府临川东乡人。明朝末年散文家、文学评论家。

艾元征：字允沧，号长人，清康熙年间刑部尚书。著述主要有《易经会通》等。

历史故事

临川才子艾南英

　　艾南英出身于官宦之家，他的父亲艾夏臣官至兵部主事。他从小就聪颖好学，受到了良好的家庭教育。长大后，入国子监为诸生，依旧勤奋好学，广览群书。在诗文写作方面，他尤其喜爱古文创作，而且特别喜欢"唐宋八大家"之一欧阳修的散文，后来针对当时文风倾向问题，曾与陈际泰等人一起致力于"八股文"的改革，被时人称为"临川才子"。

　　艾南英才华出众，参加乡试时本来已经中举，但因为艾南英在命题作文的言辞上有讥讽专断国政的大太监魏忠贤之意。所以魏忠贤大怒，削去主考官的官籍，艾南英也被处罚停考三年。

　　魏忠贤被皇上赐死以后，艾南英才被允许参加会试。虽然没有及第，但他的文章越来越精彩，为时人所称颂，一度成为人所共知的散文学家。

填字学成语

　　一（　）见血　　　赤胆（　）心　　　人所（　）知

古 gǔ

姓氏起源

古姓主要出自姬姓。源流是周文王姬昌的祖父古公亶父，是一个古老、多民族、多源流的姓氏群体。

历史名人

古弼：北魏代郡（治今山西大同东北）人，北魏初期大臣。

古革：古程乡（今广东梅州）县城人。其曾祖父古成之是宋代端拱二年进士，祖父古宗悦是宋代皇祐五年进士。曾以古氏"四代五进士，兄弟同登科"而名扬天下。

历史故事

古弼巧谏北魏太武帝

古弼忠诚谨慎、正直善良，喜爱读书，善于骑马射箭。他最大的特点就是敢于为民请命，凡事以国家政事为重。

有一天，上谷民众上书，述说皇帝的苑囿占地面积过于庞大，侵占了百姓的田地，百姓无法种植粮食供养生活，请求皇帝能体恤民情减少一半，赐给贫困无地可种的人。古弼看完这个请求，觉得影响民生事关重大。于是赶紧前去禀告皇帝，偏巧北魏太武帝正在和给事中刘树下棋，根本没有心思听他汇报。况且这个时候若直言奏章之事，恐怕皇帝发怒怪罪反而不能解决问题。他在一旁焦急万分，忽然急中生智。他站起身上前揪住刘树的衣领，用手捶打他的后背说："皇帝不理事，全都是你的罪过！"太武帝大惊失色忙放下棋子说："不听取奏事，是本王之错，刘树何罪之有？放开他！"古弼顺势松开刘树并躬身施礼道歉，然后转身毕恭毕敬将奏折递给太武帝审阅。太武帝感动于古弼的公正耿直，同意将土地赐给百姓。古弼说："做臣下的在君主面前如此放肆，请君王治罪！"太武帝说："我听说建造祭坛的时候，都是一瘸一拐地修筑，等完成工事后端正衣冠去祭祀，神灵一样会赐给他福禄。你又有什么罪过呢？只要是利于社稷，有益于民，你尽管上奏，不要有所顾虑。"

填字学成语

为民（　）命　　　急中（　）智　　　大惊（　）色

暨居衡步　都耿满弘

耿 gěng

姓氏起源

耿姓源于以国为姓。周朝建立后耿国灭亡，周室封同姓人重新建立耿

国，成为姬姓耿国。春秋时期，晋献公灭耿国，原耿国公室后裔逃往他国，于是就以内国名为姓。

历史名人

耿况：字侠游，东汉名臣。扶风茂陵人。协助刘秀消灭王郎、协助刘秀平定彭宠叛乱。

耿纯：字伯山，钜鹿郡宋子县（今河北新河县）人。东汉开国将领、云台二十八将之一。

历史故事

深得民心的好官

耿纯自从投奔刘秀后，屡立战功，直到刘秀登基成为东汉开国皇帝，一直都对耿纯格外器重。

耿纯是一个知进退的聪明人，他看到国家形势基本稳定，于是回到京师对光武帝刘秀说："臣本是小小官吏家子孙，有幸恰逢大汉复兴，圣主即位，对我恩赐加官晋爵。现在天下已平定，臣无处施展武艺，愿意试治一郡，以效犬马之劳。"光武帝笑着说："你身为武将，也想修文治吗？"于是任命耿纯为东郡太守。当时东郡还很混乱，但他到任几个月时间，盗贼就不再作乱了。

耿纯在东郡的四年时间里，处处以百姓的生活为重，将东郡治理得井井有条，百姓都十分爱戴他。但一次发干县县令犯罪，案件尚未审理，县令却畏罪自杀了，因此耿纯被牵连免职。耿纯离开东郡时，东郡百姓老少数千人跟着车驾流泪哭泣说："请皇上开恩！我们希望耿君能再回到东郡

暨居衡步　都耿满弘

103

来。"光武帝听后很震惊地问公卿们："耿纯不过曾是一个身披甲胄的军吏罢了，刚做几年东郡太守，竟能如此被百姓所思念吗？"

几年后，东郡、济阴盗贼群起，无人能够镇压，于是光武帝又重新起用耿纯为太中大夫前去东郡。东郡人听说耿纯到了，九千多盗贼都弃械投降，大军不战而归。光武帝立即下诏书再次任命耿纯为东郡太守，东郡官吏和百姓听闻后都欢欣鼓舞。

填字学成语

（　）马之劳　　　　（　）口如瓶　　　欢（　）鼓舞

匡国文寇　广禄阙东

匡 kuāng

姓氏起源

春秋时期卫国有个名为"匡"的县邑，有人以邑名为姓氏，形成匡氏。

历史名人

匡永久：西汉经学家。

匡衡：字稚圭，东海郡承县人，西汉经学家，官至丞相。

匡衡凿壁偷光

匡衡家境贫寒、世代务农，但他从小就特别爱看别人读书的样子，可是家里穷，不能上学也买不起书。于是他就请求亲戚家的孩子教他识字，慢慢地就有了阅读的能力。

随着年龄的增长，他读书的欲望越来越强烈，可是父母没有钱送他上学，怎么办呢？他就到处借书看。他白天要帮家里人到地里干农活儿，只能晚上才有时间看书。可是家里没钱买灯油，除了借月光勉强看一会儿书，根本就看不了多少。他心里真是着急啊！

有一天晚上，匡衡躺在床上背诵白天读过的书。背着背着，突然看到墙壁上透过来一线亮光。他惊喜地站起来，走到墙壁边。他发现只要将缝隙开凿大一些，顺着墙缝的光亮就可以看书了！

后来他又得知同乡姓文的人家里富裕而且有很多藏书，就去他家里做苦工，而且不要工钱。文家人很奇怪地问他原因。他说："只要您能让我读遍您家这些书就行。"文家人被他所说的话感动了，就把书都借给他看。于是，他长大后成为西汉著名的经学家，官至丞相。

填字学成语

喜（　）望外　　　（　）壁偷光　　　得过（　）过

匡国文寇　广禄阙东

105

欧殳沃利　蔚越夔隆

欧 ōu

姓氏起源

　　战国时期，越王勾践的第六世孙无彊继承王位后，越国被楚国所灭，无彊的次子蹄被封于乌程欧余山的南部，按当时的说法，山的南侧被称为阳，所以蹄又被称为欧阳亭侯，无彊的支庶子孙便以此为姓氏，形成了欧、欧阳、欧侯三个姓氏。

历史名人

　　欧冶子：春秋末期到战国初期越国人，一说为古代瓯江流域生活的闽族匠人。中国古代铸剑鼻祖，龙泉宝剑的创始人。

　　欧宝：东汉时期著名的孝子。

历史故事

铸剑大师欧冶子

　　春秋末期到战国初期，是动荡不安的年代，时常是兵戎相见，剑戟相拼。所以兵器就成了必不可少之物。

欧冶子是春秋末期到战国初期的越国人，是依靠铸造兵器维持生活的匠人。同时也是中国古代铸剑鼻祖，龙泉宝剑的铸造者。

欧冶子出生在东周列国纷争的年代。在他还是一个少年时，就从母舅那里学会了冶金技术，开始冶铸青铜剑和铁锄、铁斧等器具。他特别爱开动脑筋钻研技术，通过细心观察不同金属熔炼之后相互之间发生的化学反应，以及经过淬火后的反复试验，欧冶子冶铸出第一把铁剑"龙渊"，开创中国冷兵器史上的先河。他一生铸剑无数，曾经为越王允常铸成名震天下的"五剑"，后来又与干将、莫邪夫妇去楚国为楚王铸成了举世无双的三把宝剑，是春秋末期到战国初期的铸剑大师。

填字学成语

动荡（　　）安　　　　兵（　　）相见　　　　举世无（　　）

师巩库聂　晁勾敖融

晁 cháo

姓氏起源

晁姓源于姬姓。是周景王庶长子朝的后代，是以祖名为氏。王子朝的子孙后代以朝为姓，因为晁是"鼌"（cháo）和"朝"的古字，在古代音同意通，都有"早晨"的意思，因而又写作晁、鼌氏。晁姓在汉代时因为出了一位高官晁错而有所兴盛。

历史名人

晁错：西汉政治家、文学家。汉文帝时，任太常掌故，后历任太子舍

人、博士等；景帝即位后，任为内史，后迁至御史大夫。

晁补之：字无咎，号归来子，北宋时期著名文学家。工书画，能诗词，善属文，"苏门四学士"之一。著有《鸡肋集》《晁氏琴趣外篇》等。

北宋才子晁补之

晁补之出身于北宋名门望族、书香门第。他的祖父和父亲都在朝为官，所以他从小就受到了良好的文化熏陶。晁补之天性聪敏，有很强的记忆力。读过的书他都能记忆犹新，尤其经典词句总是百般回味。他少年时就能脱口成诗，而且还能写得一手好文章，因此很早就享有盛名。

有一次，他跟随父亲去杭州游玩，当看到钱塘风物盛丽，山川秀美灵异的景观，忍不住文思泉涌，随即写下了一篇《七述》。那时候，大文学家苏轼正在杭州任职，他也非常喜欢杭州美景，写下很多诗篇，但他觉得还不足以表达心中对祖国大好河山的热爱，总想写一篇杭州赋。当苏轼看到晁补之前来拜谒时呈上的《七述》，禁不住感叹："真乃佳作也！看来我可以搁笔了。"并称赞晁补之的文章博雅隽美，远远超过他人，以后一定会声名显扬。

后来晁补之考中了进士，他参加开封府考试和礼部别院的考试都是名列第一。宋神宗皇帝看了他的文章也赞不绝口地说："这是深于经术之人，可以革除现在的浮躁风气。"当即任命他为澶州的司户参军、北京国子监教授。

晁补之虽然获得功名，但他对文学的求索从未止步，恭敬地拜在苏轼门下，与张耒、黄庭坚、秦观被时人称为"苏门四学士"，而且在诗、词、文等方面都有所成就。

冷訾辛阚　那简饶空

阚 kàn

姓氏起源

阚姓出自姜姓，以封地名为氏。春秋时期齐国大夫止，被封于阚（地址在今山东省），世称阚止，齐简公时任丞相，其后代以封邑为姓，形成阚氏。

历史名人

阚泽：字德润，三国时期吴国学者、大臣。

阚骃：字玄阴，自小聪敏好学，博通经传，南北朝时期北魏著名地理学家、经学家。

~历史故事~

阚泽力荐陆逊

阚泽是三国时期吴国的学者，也是谋臣之一。他的名气虽然不及周瑜、

109

鲁肃，但在最为关键的时刻，他的举荐之功，确实功不可没。

关羽大意失荆州战败身亡以后，刘备悲痛万分，决定从吴国手中夺回荆州，替二弟关羽报仇。刘备报仇心切，亲自带领全国将士出征讨伐吴国。一开始，蜀军势如破竹，连连得胜，很快就兵临边境。孙权一时慌了神儿没有了主意，因为此时昔日得力的辅臣周瑜、鲁肃、吕蒙等人都已经去世，现在很难再找到一员猛将挥师退敌了。

这时，阚泽向孙权启奏说："主公不必惊慌，现有一人足矣退兵！"孙权忙问是谁。阚泽回答说："这智勇上将就是陆逊！陆逊曾用计击败关羽，夺取荆州，如此智谋过人、雄才大略，绝不亚于周郎，若能起用，破蜀必定有望！"孙权听后眼前一亮，惊呼自己险些误了大事。于是决定传令让陆逊挂帅出征迎战刘备。

其他重臣老将张昭、顾雍等竭力反对，他们认为陆逊只是一介儒生，单凭一次取胜纯属侥幸，与其冒险一搏，不如向刘备求和。

阚泽面对众臣阻挠，不禁大声疾呼道："刘备报仇心切，断然不会答应求和！若不用陆逊抗敌，东吴难保！"

孙权认为阚泽说得对，陆逊确实是一个奇才，当即决定派陆逊迎战蜀军。结果陆逊不负众望，以逸待劳，使计纵火烧了刘备的八百里连营，最终刘备落荒而逃，东吴转危为安。

填字学成语

功不（　）没　　　势如（　）竹　　　以逸（　）劳

曾毋沙乜　养鞠须丰

曾 zēng

姓氏起源

曾姓起源于姒姓。夏王少康封地给小儿子曲烈作为子爵王国，称为鄫子国。后鄫国被灭，鄫国太子巫逃奔邻近的鲁国，并用原国名"鄫"为姓氏，后来为了表示离开故城而不忘先祖，改为"曾"氏，延续至今。

历史名人

曾子：即曾参，春秋末期鲁国人，是孔子的弟子，以孝著称，被后世儒家称为"宗圣"。

曾国藩：字伯涵，谥号文正，又名曾传豫，湖南长沙人。晚清重臣，湘军的创立者和统帅者。清朝军事家、理学家、政治家、书法家、文学家，晚清散文"湘乡派"创立人。晚清"中兴四大名臣"之一。

历史故事

曾国藩的十六字家训

曾国藩是晚清"中兴四大名臣"之一，他在为人处世上恪守"拙

诚""坚忍"的原则。在持家教子方面,主张勤俭持家,努力治学,睦邻友好,知书明理。他以身作则,留下家训:"家俭则兴,人勤则健;能勤能俭,永不贫贱。"这短短十六字箴言被世代传承,也为后世之人在子女教育方面提供了借鉴。

曾国藩出生在一个普通家庭,自幼勤奋好学,六岁入私塾读书,八岁就能熟读四书五经,参加"长沙府童子试"时名列第七。虽家境清贫,仍坚持寒窗苦读,后来在科举考试中被道光皇帝钦点为第二名,成为翰林院庶吉士。他深知名誉、地位、家业来之不易,所以他立下家规家训,并且自己身体力行,让子女在言传身教之中成长为卓越的人才。

曾国藩在清末官场中是数一数二的风云人物,但他却从不以势压人,更不许家中子弟作威作福。有一次他儿子曾纪泽与家人乘船到金陵,曾国藩写信给儿子,告诫他一路上不可挂大帅旗,不可惊动地方长官,要以平凡人的身份出行。曾纪泽赴长沙科举考试时,曾国藩又告诫他不许贿赂考官、不许假借父亲之名去搞特殊化,而要"进身之始,务知自重。"

曾国藩一生克勤于国,克俭于家。他曾说:"吾不愿代代得富贵,但愿代代有秀才"。而他严格的家规家训真的使曾氏家族人才辈出。

填字学成语

以身( )则　　　　身体( )行　　　　人( )辈出

关　guān

姓氏起源

关于关姓的起源有多种说法。其一是源自颛顼帝的后裔关龙氏。其二出自远古帝舜时期养龙高手董父，属于以先祖名号为氏。

历史名人

关羽：本字长生，后改字云长，汉末三国时期蜀汉名将，雅号"美髯公"，民间尊其为"关公"。

关汉卿：元杂剧奠基人，代表作有《窦娥冤》《望江亭》《单刀会》等，是"元曲四大家"之一。

历史故事

关羽：千里走单骑

在一次曹操与刘备交战中，刘备终因兵力悬殊而败逃投奔袁绍，关羽被曹操大将生擒。曹操非常爱惜人才，认为关羽是忠义贤才，想留在身边，所以厚礼相待，并任命他为偏将军。

为了弄清关羽能否永远留在曹营，曹操让张辽去探问关羽。关羽对张辽叹息道："我深知曹公对我的厚爱，但我不能愧对我结义大哥的厚恩。我们三兄弟曾桃园结义发誓共生死，我不能背信弃义。我自然不会留下来，为曹公立下战功后我便离去！"张辽怕回去如实汇报，曹操会下令杀死关羽。可是如果不如实汇报，又违背君父与臣子的原则。张辽忍不住长声叹息，左右为难。在曹操的追问下，张辽只好向曹操如实汇报了关羽的回答。没想到曹操不但没有发怒，反而称赞关羽："事君不忘其本，天下义士也！"曹操随后又问张辽是否知道关羽何时离开。张辽心里担心曹操喜怒无常会下令杀死关羽，于是忐忑不安地对曹操说："关羽受到主公您如此厚待之恩，但他去意已决，必将报答主公您大恩之后离去。"

曹操知道关羽会离去，反而加重赏赐，想以此留住他。但关羽什么也不说，终于在替曹操斩杀袁绍大将颜良之后，留书奉还曹操的赏赐，骑上快马直奔袁绍军营回到刘备身边。曹操大将想去追杀他，曹操遗憾地说："各为其主，随他去吧！"后来，民间将关羽此举称为"千里走单骑"。

填字学成语

（　）重如山喜　　　　（　）无常忑　　　　（　）不安

游竺权逯　盖益桓公

桓 huán

姓氏起源

根据相关的史书记载，上古时期，轩辕皇帝有一位大臣名叫桓常，他的后人就以其名字为姓氏，称为桓氏；另有起源是出自姜姓和子姓，是以

谥号为氏。

桓伊：字叔夏，东晋时期将领、名士、音乐家，善于吹笛，素有"笛圣"之称，著名琴曲《梅花三弄》是根据他的笛谱改编的。

桓范：字元则，三国时期曹魏大臣、文学家、画家。

历史故事

桓伊吹奏梅花三弄

桓伊从小就聪慧过人。读书习武，观梅吹笛，是他最大的爱好。所以他不仅是一位具有军事才略的军事家，曾在淝水之战中大败前秦的苻坚，还是一位集谱曲与演奏才能为一体的音乐天才。

桓伊善吹笛，能弹筝，乐器演奏水平堪称一绝，而在所有的乐器中，桓伊最为出神入化的就是吹笛，常令倾听者赞不绝口。他的演奏能够尽显音乐之妙，所以被称为"江左第一"，当时闻名天下。

有一次，号称不拘小节、生性高傲的王徽之应召前往京师，途中行舟停泊在青溪岸边。桓伊正好从岸上路过，舟中人惊喜地高呼："快看！此人就是桓野王！"当时桓伊与王徽之素不相识。只见王徽之叫人上岸对桓伊说："听说足下善于吹笛，请试为我吹一曲。"桓伊当时已经显贵，也曾听说王徽之的声名，但他素来为人谦和，便停下来为王徽之吹奏了三调，吹完笛曲，便起身上车离去。王徽之整个人都陶醉在音乐余音缭绕之中了，半天才回过神儿来，此刻，桓伊早已消失在人流中。

据说，桓伊当时吹奏的笛曲就是后来被改编成琴曲的《梅花三弄》，该

游竺权逯　盖益桓公

曲一直流传到今天，依旧备受关注。

填字学成语

出神（　）化　　　　名闻（　）下　　　　素不（　）识

万俟司马　上官欧阳

司马 sī mǎ

姓氏起源

司马姓源于西周掌管军事大权的大臣程伯休父，属于以官职称谓为氏。在程伯休父的后裔子孙中，一部分"以官为氏"而称司马氏；一部分"以国为氏"而称程氏。

历史名人

司马懿（yì）：字仲达，三国时期曹魏政治家、军事谋略家，西晋王朝的建立者之一。

司马光：字君实，北宋政治家、史学家、文学家，为人温良谦恭、刚正不阿。主持编纂了中国历史上第一部编年体通史——《资治通鉴》。

司马迁忍辱负重著成《史记》

　　司马迁是西汉杰出的史学家、文学家、思想家，他的著作《史记》是我国历史上第一部通史，同时也是一部伟大的文学著作，对后世有着巨大而深远的影响。

　　司马迁的父亲曾任汉太史令，所以司马迁从小就受父亲的影响，熟读历史书籍，同时也播下了热爱祖国的种子。

　　司马迁从小就发奋学习，初任郎中后，便奉使西征，在完成任务后立即赶往泰山参加封禅大典，铭记历史时刻。当他行到洛阳却见到了病危的父亲。父亲拉着他的手说："我们的祖先是周朝的史官，远祖掌管天文历法，已成累世家学。如今我命在旦夕，无法完成世代使命，你若能继任太史令，就能替我完成尚未完成的历史论著了……"司马迁泪流满面地说："孩儿虽不才，但一定努力完成祖先和您的志愿。"后来，司马迁果然继承父业成了太史令。他废寝忘食，查阅典藉，继续著述历史。

　　正当司马迁雄心勃勃、发奋著书的时候，不料祸从天降，他因"李陵事件"讲了一些实话而蒙冤，惨受宫刑。当时他悲愤欲绝，但是为了完成父亲的遗志，他坚强地挺了过来。两年后，司马迁被赦出狱，官复原职。从此，他以其"究天人之际，通古今之变，成一家之言"的史识完成了中国第一部纪传体通史，也是"二十四史"之首——《史记》。

万俟司马　上官欧阳

填字学成语

雄心（　）勃　　　祸（　）天降　　　悲（　）欲绝

117

上官 shàng guān

姓氏起源

上官姓出自芈姓，春秋时楚国有上官大夫，其后代便以官名为氏。

历史名人

上官仪：字游韶，唐朝时期宰相，才女上官婉儿的祖父。

上官婉儿：唐代女官、诗人、皇妃。上官婉儿因聪慧善文而得到武则天重用，有"巾帼宰相"之名。

历史故事

上官婉儿：巾帼宰相

上官婉儿是唐朝宰相上官仪的孙女。她原应出身官宦世家，但由于她祖父上官仪父子反对武则天执政而被杀，所以上官婉儿的母亲还在怀孕期间就沦为宫中的奴婢，后来在宫中生下了婉儿。

婉儿从小就聪明异常，母亲教她识字、熟读诗书，无论什么她都能一学就会。到了十几岁时，不仅能吟诗作文，而且明达吏事，她的才名因此惊动了女皇武则天。武则天召见并出题考她，上官婉儿都能从容应对，令武则天惊叹不已，当场就免去了她的奴婢身份，从此将宫中拟写诏命之事交给她负责，赐官为"内舍人"。武则天准许上官婉儿参与政事，让她处理百司奏表。

后来唐中宗复位，将婉儿封为"昭容"，上官婉儿深得皇上、韦皇后的信任，任命她专理内政，因此她祖父一案也被平反。

上官婉儿喜爱文学，她认为文学是国家文明的象征，所以经常劝说皇上设置昭文馆学士，组织朝中善作诗词的人吟诗作赋。皇上总是让上官婉儿品评作品，第一名能得到重金或官爵赏赐。就这样，上官婉儿引领了一股吟诗作赋的风潮，她也因此权势日盛，有了"巾帼宰相"的美名。

填字学成语

从容不（　）　　　　应（　）自如　　　　惊（　）不已

夏侯诸葛　闻人东方

诸葛 zhū gě

姓氏起源

诸葛姓源流多种，其中一种说法是秦朝末年，葛婴为了反抗秦王暴政率部起义。到了西汉文帝时，汉文帝为追封葛婴反抗暴秦的功劳，赐封葛婴的孙子为诸县侯，并世居于此。葛氏感念文帝功德，遂将"葛"姓与地名合并改称"诸葛"氏。

历史名人

诸葛亮：字孔明，号卧龙，三国时期蜀汉丞相。

诸葛瑾：字子瑜，三国时期孙吴重臣，诸葛亮之兄，诸葛恪（kè）之父。

历史故事

诸葛亮巧破断粮计

　　三国时期人才辈出，但是为了保自家主人，都在相互斗智斗勇。诸葛亮堪称是神机妙算，指挥作战游刃有余，而东吴周瑜也是一位文韬武略、运筹帷幄的大将，但是他总喜欢跟别人一较高低。尤其在"各为其主"的年代，周瑜总想设计除掉诸葛亮。

　　周瑜派人请诸葛亮来军中议事，分析当前的形势是孙权与刘备两家兵力合起来也远不敌曹军，难以取胜，故想让诸葛亮带蜀军前去切断曹军粮草，然后一举灭曹。

　　孔明心中暗想："周郎分明是设计害我。如果不答应，定会遭到讥笑，不如先答应他，然后另做打算。"

　　鲁肃是个心地善良的老实人，预知诸葛亮此去凶多吉少，心中不忍，便去试探孔明："先生此去有多大胜算？"孔明笑道："我水战、陆战无所不

通，何愁功绩？不像周郎只止于一能。"

鲁肃心有不快，回来后马上转告周瑜。周瑜大怒道："诸葛亮欺人太甚！竟敢说我只会水战！看我亲自率兵前去切断曹操粮草！"

鲁肃又将这些话转告孔明。孔明笑笑说："公瑾派我此去是想借刀杀人。我方才有意用言语激他，公瑾必会容纳不下。目前正值用人之际，只有孙刘两家同心协力，抗曹大计才能成功；如果彼此互相谋害，怎能成功！曹操诡计多端，粮草怎能不派重兵防守？公瑾如果真去，必将被擒。目前只适宜引诱曹操水战，方能制胜。希望子敬好言相劝公瑾，切不可意气用事！"

鲁肃连忙去告诉周瑜。只见周瑜捶胸顿足地说："孔明计高于我，今不除之，必留后患！"鲁肃忙说："希望公瑾以国家为重，三思啊！"周瑜觉得鲁肃说得有道理，便听从了他的意见。

填字学成语

游（　）有余　　　文韬（　）略　　　凶多（　）少

赫连皇甫　尉迟公羊

皇甫 huáng fǔ

姓氏起源

皇甫姓源于子姓，出自春秋时宋国公族的后代，属于以先祖名字为氏。本为皇父氏，但古时候"父"与"甫"这两个字同音通用，所以称皇甫氏。

皇甫嵩：字义真，东汉末期名将。去世后在唐德宗时，位列武成王庙六十四将；宋徽宗时，位列武庙七十二将之一。

皇甫谧：字士安，是皇甫嵩的曾孙。三国西晋时期学者、医学家、史学家，在我国针灸学史上有很高的学术地位。

历史故事

皇甫嵩智解陈仓之围

皇甫嵩出身于将门世家，他为人谨慎，尽忠职守，有谋略，有胆识。

汉灵帝时期，凉州叛军首领王国兴兵作乱，来势汹汹地包围了京都长安的门户陈仓（今陕西宝鸡东）。情况危急，汉灵帝立即派遣皇甫嵩和董卓各率两万士兵前去援救。董卓提议进攻，说："聪明人不失时机，勇敢的人不迟疑。现在开城出战一鼓作气，陈仓可保，否则，城就会被攻破！"皇甫嵩却说："不可以！孙子兵法上说'百战百胜，算不上是最好的；不通过交战就降服全部敌人，那才是最高明的。'所以先要装作不可获胜的样子，迷惑对方以等待能够战胜敌人的最好时机。现在陈仓虽小，但粮草充足，守城的工事坚固完备；王国军队虽然强，但若想攻破坚固的城池是痴心妄想。我分明可以不用兴师动众就可以取胜，为什么非要费力进攻呢？"。

果然王国围城八十多天也没有攻破城池，军兵们都疲惫不堪，只好撤退。皇甫嵩见状立即下令追击，而董卓依据兵法中"穷寇莫追"的道理马上进行劝阻。皇甫嵩却反驳说："之前我不出击，是躲避其锐气；现在追击，是攻打疲惫之师，那是斗志全失的溃乱之师！"说完整顿阵型率领本

部人马全力追击，留下董卓殿后，结果大获全胜。董卓为此羞愤不已，对皇甫嵩更加嫉妒愤恨。

填字学成语

来势（　）汹　　　　一鼓（　）气　　　　痴（　）妄想

澹台公冶　宗政濮阳

澹台 *tán tái*

姓氏起源

澹台姓源流单纯，源出自春秋时期，孔子弟子中有个名为"灭明"的居住于澹台，他的后代以地名为氏，即澹台氏。

历史名人

澹台灭明：字子羽，东周时期鲁国武城人。"孔门七十二贤"之一。

澹台敬伯：东汉名士，又名澹台恭，会稽人。

历史故事

澹台灭明求知讲学

澹台灭明十分崇拜孔子，因此不顾路途遥远前去表明想投师孔子门下

的心愿。可是当孔子看见他时，便委婉地拒绝了他，大概是见他相貌太丑、资质不佳而不愿收其为徒，怕他的相貌影响师生群体形象。但是后来看到澹台灭明求学的愿望强烈，又想到自己倡导"有教无类"的主张，尤其是作为老师，是不可以因为别人的聪明愚钝、美丑与贫富之分，而将他人排斥在接受教育的大门之外的，于是就收下了澹台灭明为弟子。

事实证明，澹台灭明虽然相貌不佳，但品德高尚、学风端正，他能专心听从孔子的教诲，刻苦学习，并加强自身修养，终于学有所成，而且很快跻身于当时知名学者之列。他到吴越之地讲学时，其门徒高达三百之多，成为享誉大江南北的一代名师。孔子曾经感慨地说："以貌取人，失之子羽。"

填字学成语

跳梁小（　） 　　有教（　）类 　　以貌（　）人

淳于单于　太叔申屠

淳于 *chún yú*

姓氏起源

淳于姓源于姜姓，出自周武王赐给炎帝后代姜姓淳于公的封地，属于以国名为氏。

历史名人

淳于琼：东汉时期官吏，与张郃、高览等人齐名。

淳于衍（yǎn）：字少夫，汉宣帝时期宫廷女医，是我国有记载的最早的妇产科医生之一。

淳于髡荐贤的故事

齐宣王号令天下举荐有才干、品德好的人。淳于髡（kūn）在一天内就向齐宣王推荐了七名贤士。齐宣王当然很高兴。可是，他对瞬间出现的这么多贤士有些疑惑不解。

齐宣王召见淳于髡，对他说："我听说，能在方圆千里的范围内找到一位贤人，那么天下的贤人就多得可以肩并肩排成行；能在近百里的范围内出现一个圣人，那么世上的圣人就多得可以脚挨着脚拥挤不堪。如今先生您在一天内就给我推荐了七位贤人，那贤人岂不遍地都是了吗？"

淳于髡笑了笑说："大王，有道是物以类聚，人以群分。同类的鸟，它们总是栖息、聚集在一起；同类的野兽，它们也总是行走、生活在一起。如果到树上去捕鱼，别说是短短的几天，就是几辈子也不会捕到一条；但如果到水中去捕捞，就会多得用车也装不完。所以说万物都是以同类相聚的。我淳于髡向来与贤士为伍，他们个个都是德性高尚、卓尔不群之人，大王您让我去寻求贤士，就像在河里舀水，在火石上取火一样简单，您怎么能嫌我一天之内举荐的贤士太多了呢？我周围的贤士多得很，岂止这七个人呢？"淳于髡一席话，使齐宣王茅塞顿开，一下子明白了储备人才的奥妙所在。

填字学成语

物以（　）聚　　　卓（　）不群　　　茅塞顿（　）

淳于单于　太叔申屠

125

公孙 gōng sūn

姓氏起源

公孙姓源于身份名称"公孙"，出自西周时期各诸侯国王族的后裔，属于以贵胄身份称谓为氏。按周王朝的典礼制度，国君一般由嫡长子继位，即位前称为太子，其他的儿子便称为公子，公子的儿子则称公孙。

历史名人

公孙瓒：字伯圭，东汉末年武将，汉末群雄之一。

公孙侨：字子产，春秋时期著名政治家、思想家。历史常以"子产"作为他的通称。

历史故事

公孙弘：高人一筹的智慧

公孙弘出身贫苦，后来成为丞相后依然保持俭朴的生活作风，吃饭仅一个荤菜，睡觉时铺盖普通的被褥。别人对他的行为不理解，都说他不会享受生活，一向性格耿直、喜欢快言快语的汲黯向汉武帝奏了他一本。

汲黯对汉武帝说："公孙弘位列三公，俸禄优厚，却坚持衣食朴素，这分明是故意而为之，显然是在以此沽名钓誉，为了骗取清廉简朴的美名罢了！"汉武帝转而问公孙弘："汲黯所奏是否属实？"

公孙弘说："汲黯所说属实。满朝大臣中，他与我的交情最好，也最了解我。今天在朝堂之上当面指责，我接受。我位列三公而生活如同小吏一般，确实与身份不相符，大有故装清廉沽名钓誉之嫌。幸而汲黯忠心耿耿，陛下才能听到对我如此真实的批评。"汉武帝听了这番话，反倒觉得他不愧大有儒家之风，不仅才学渊博，而且为人谦和，就更加器重他了。

公孙弘面对汲黯的指责和汉武帝的追问，不但不急于辩解，反而对指责加以肯定，从而更加证实了自己简朴无罪，这也正是他高人一等的智慧。

填字学成语

快言（　）语　　　沽名（　）誉　　　忠（　）耿耿

钟离宇文　长孙慕容

长孙 zhǎng sūn

姓氏起源

一说长孙姓出自北魏皇室沙莫雄。拓跋珪建立北魏称帝后，就赐他的儿子拓跋嵩为长孙姓，故拓跋嵩为得姓始祖；二说在北魏之前早有长孙顺，其后代尊其为得姓始祖。

长孙无忌：字辅机，唐朝初期的政治家，唐太宗的心腹谋臣，曾参与策划玄武门之变。

长孙顺德：唐朝开国名将、外戚，唐朝建立后，册封为薛国公，凌烟阁二十四功臣之一。

～历史故事～

长孙无忌参与玄武门兵变

唐朝历史记载中，秦王李世民功勋卓著，而太子李建成没有什么建树。李世民直接威胁到太子继承皇位的威信，于是太子勾结齐王多次加害李世民，但李世民每次都化险为夷。房玄龄很担心秦王安全，就对长孙无忌说："如今太子的险恶用心很明了，如此频频祸患暗发，这不仅危及秦王府上下人等的安全，而且一个不学无术的太子继位，终将是国家存亡的隐患。不如劝说秦王行周公之举，安定家国。"长孙无忌说："我早有此意，只是一直不敢说。"两人不谋而合，决定一同劝说李世民先发制人，诛杀太子与李元吉。

武德九年（626年），李建成又向李渊进谗言，将房玄龄、杜如晦逐出秦王府，秦王身边只剩下长孙无忌。面对这种不利形势，长孙无忌连忙与秦王府主要部将尉迟敬德等人日夜劝说李世民，让他诛杀太子与齐王。李世民顾及手足之情仍然犹豫不决。而此时，李建成以反击突厥侵犯为名，推荐李元吉督军北征，又抽调秦王府精兵良将协同作战，实际上是想在饯行时伏击杀死李世民。李世民这才决定发动兵变。随后安排长孙无忌、尉

迟敬德等人埋伏在玄武门，成功杀死太子和齐王李元吉。

后来皇帝改封李世民为皇太子，唐高祖去世后，李世民顺利继位，并册封长孙氏为皇后，以长孙无忌为左武侯大将军。

填字学成语

化险（　）夷　　　　先发（　）人　　　　犹豫（　）决

鲜于阎丘　司徒司空

鲜于 xiān yú

姓氏起源

鲜于姓出自子姓，是以国名、邑名合并为氏。商朝末君纣王有叔箕子封于箕，他因纣王的荒淫残暴多次进谏，但纣王不思悔改，后来竟将箕子关入大牢。周武王灭商后，箕子直言劝谏武王当行仁政，却不肯应武王的请求再次为臣。他出走辽东，入古朝鲜国。相传箕子的子孙中有个叫仲的封地在于邑，故而合国名与邑名，后人自称复姓鲜于氏。

历史名人

鲜于丹：三国时期吴国将领，曾参与历史上著名的"夷陵之战"。

鲜于文宗：渔阳人，东汉时期著名的孝子。

历史故事

东吴大将鲜于丹

　　鲜于丹是三国时期吴国将领，曾跟随陆逊、吕蒙等吴国名将参加多次战役，立过很多战功，是孙权的得力干将。

　　赤壁之战以后，自然形成了由魏、蜀、吴三家瓜分荆州之地的形势，相对来说，刘备所得地域较小。东吴智勇双全的周瑜死后，谋士鲁肃面对三国鼎立的局势唯恐曹操有朝一日反扑回来夺取荆州，于是就劝说孙权将东吴占据的部分荆州之地"借"给刘备，便于刘备站稳脚跟与东吴联合起来共同抵御曹操的攻势。孙权便把荆州的南郡"借"给了刘备。建安十九年(公元214年)，因为刘备不肯把荆州还给孙权，孙权大怒，立即派遣吕蒙率领鲜于丹、徐忠等部队发兵夺取荆州，又命鲁肃率兵偷袭关羽后防部队，结果关羽不幸中计阵亡。

　　刘备痛失义弟关羽，痛哭流涕，事后率大军前来替关羽报仇。孙权任命陆逊为大都督，率领鲜于丹、孙桓等将领率众迎战刘备，鲜于丹等人奋勇作战，最终刘备惨痛失败而逃，这就是三国时期著名的三大战役之一——"夷陵之战"。

　　鲜于丹虽然名气没有陆逊、糜芳等人响亮，但是他保卫国家不遗余力的精神早已铭记在历史的篇章中。

填字学成语

智勇（　）全　　　　有（　）一日　　　　不遗（　）力

亓官　qí guān

姓氏起源

亓官姓源于官位，出自春秋时期笄官之后代，属于以官职称谓为氏。笄官，亦称丌官、亓官。先为复姓，后来在明初都演化成单姓亓。故亓氏和丌官氏源流一样，姓源相同。

历史名人

亓官氏：孔子的妻子，为人贤德，被儒家后世尊为圣母。

亓官才：即丌官才，是明朝著名的大孝子、举人，以奉亲至孝闻名。

历史故事

清廉耿直的亓官之伟

亓官之伟，即丌之伟，是明朝大孝子丌官才的儿子。他从小就勤奋读书，长大后考中了进士，成为明朝著名的清官。

他天生脾气倔强，从来不惧怕豪强恶霸，不论谁犯法他都要依法严加惩治。虽然那些豪强恶霸都对他恨之入骨、敬而远之，可是老百姓却都很

拥戴他，到处宣扬他的美名，高兴地称他为"铁面判官"。

元官之伟在监税苏淞常镇漕运时，正值上海令漂没漕米万担，大司农追究他的责任，认为是他失职造成的后果，然后奏报皇上降了他的官级，但他从来都不追求名利，所以升官与降职都不会影响他秉公办事、为人民伸张正义。不久后他因为政绩突出而升为推官，又晋升为员外郎，出任河间知府。在河间，他从不趋炎附势，对有钱有势的大户人家触犯法律也从不手软，全都依法处置。他心地善良，看到流离失所的乡民总是伸出援手，另外还专门设置房屋数十间，解救并收容被拐卖的女子有一百多人，发给她们路费，送她们还乡。遇到饥荒年月，他将自己的俸禄节省下来救助难民，煮粥派送，同时发动当地富户捐献财物帮助穷人渡过难关。他无论到哪里做官，都能得到当地人的赞扬，都夸他是一个心有黎民的好官。

填字学成语

趋（　）附势　　　有（　）有势　　　流离（　）所

颛孙端木　巫马公西

端木 duān mù

姓氏起源

黄帝的后裔子孙中，附沮的儿子名穴熊。穴熊的后裔子孙鬻熊生有二子，长子名叫熊丽，次子名叫端木。端木有个儿子名叫典，典以父名端木为姓，自称端木典，属于以先祖名字为氏。

端木赐：字子贡。儒商鼻祖，春秋末年卫国人。孔子的得意门生，是孔子弟子中的首富。

端木泰：元末武举，明初入军，由守府升为副将。

历史故事

子贡问道

端木赐，字子贡，人们习惯于叫他子贡。他是孔子的得意门生，也是孔子弟子当中家境最优渥的人，是中国古代十大商人之一，世称"儒商鼻祖"。

才能和德行，是人类不可缺少的，自古以来人们都在追求完美，但又很少有人能达到十全十美。对此子贡很疑惑。

有一天，子贡请教孔子说："整个乡里的人都喜欢这个人，这个人怎么样呢？"孔子说："未必就是完美的君子。"子贡又问："整个乡里的人都憎恶他，这个人又怎样呢？"孔子说道："也未必就是令人憎恶的小人啊。最好是乡里的好人都喜欢他，而乡里的坏人都憎恶他。因为君子和小人绝大多数的意趣相反，所以判断的依据也不同。小人憎恶君子就像君子憎恶小人一样。对于一个人的正确评价，不应该以众人的喜欢和不喜欢去论断好坏，而是应该以善恶为标准。可以听取别人的观点，但不能作为唯一的判断标准。否则，倘若听取了小人的话，君子的正道就会消亡。"子贡立刻有所领悟，心里暗暗佩服老师的真知灼见。

颛孙端木　巫马公西

133

漆雕乐正　壤驷公良

公良 gōng liáng

姓氏起源

周朝时，陈国有个公子名叫良，人们称他为公子良。春秋时，公子良的后代公良儒去鲁国向孔子求学，作为孔子的学生受人尊重，后人就以公良为姓。称公良氏。公子良就是公良复姓的始祖。

历史名人

公良孺：字子正，东周陈国人，是孔子的弟子。

❧ 历史故事 ❧

公良孺解救孔子

公良孺是东周陈国公族子弟，也是孔子的学生。

孔子一生志在传播儒家学说，所以他不辞辛劳地带着学生周游列国进行演讲。有一次，当他路过蒲地的时候，正巧遇上公叔氏占据蒲地聚集人马对抗卫国，蒲地人阻止孔子经过此地继续前进。当时公良孺带了五辆车

跟随孔子游学，他身材高大而且力大勇武，也很有才德，见此情景忍不住叹气道："在此之前，我跟随老师到匡地的时候遇到危难，到了宋国讲学又遭到了桓魋（tuí）伐树之难，如今在这里又遇到蒲人阻截之难，看来这都是命里注定的！与其见到老师再次遭难，还不如在此搏斗而死！"于是，公良孺怒发冲冠，拔出佩剑召集众人与蒲人打斗起来，孔子的学生们个个表现得勇猛无敌。蒲人一看这阵势害怕了，对孔子说："如果你不去卫国，我们就放你过去。"孔子只好与他们订立盟约不去卫国，他们这才放孔子出城而去。

填字学成语

周游（　）国　　　　怒（　）冲冠　　　　万（　）一心

拓跋夹谷　宰父穀梁

拓跋 tuò bá

姓氏起源

拓跋姓出自鲜卑拓跋部落，黄帝后裔有拓跋氏。原来居住在今黑龙江、嫩江流域大兴安岭附近，过着游牧生活。

历史名人

拓跋珪（guī）：又名拓跋开，字涉珪，鲜卑族。北魏王朝开国皇帝，即魏道武皇帝。

拓跋焘（tāo）：南北朝时期著名军事家、政治家，北魏王朝第三位皇帝，即魏太武皇帝。

拓跋新成以酒胜敌

北魏中期，由于边境不断受到库莫奚部落的侵扰，魏王决定派济阴王拓跋新成带兵前去讨伐。

拓跋新成是一位很有谋略的武将，临行前他特地准备了几坛美酒，然后浩浩荡荡向边境出发。官兵们都以为这美酒是等胜利了用来庆功喝的，心里甭提多美了。他们很快到了边境，拓跋新成命令扎好营帐，然后派人去侦察敌情。

一天，有探子来报说敌人已经逼近，拓跋新成让大家迅速撤退，并将酒全部留下。将士们本以为会痛痛快快大战一场，谁知装作落荒而逃的样子不说，还把这些美酒统统留给敌人，大家都很纳闷儿。只听拓跋新成笑着说："等会儿你们就会明白了。"

库莫奚人很快冲进魏军大营，只见营帐内空空如也，杂乱不堪，库莫奚人相互看看大声嘲笑魏军胆小如鼠。正在得意洋洋准备掠取财物的时候，忽然闻到阵阵酒香飘来。大家定睛一看，原来是魏军逃跑时匆忙留下的一坛坛美酒，有一坛酒还没来得及盖好盖子就逃跑了，他们见此情景更加耻笑魏军无能。有人机警地用银针试过酒中没毒，然后纷纷扔下武器，捧起酒坛仰头就喝。不大一会儿，几坛美酒喝得精光，个个东倒西歪、浑身无力昏昏睡去。这时，拓跋新成带领人马冲进来，不费吹灰之力就将敌人全部生擒活捉了。

填字学成语

落荒（　）逃　　　空空如（　）　　　得意（　）洋

晋 jìn

姓氏起源

周朝初年，武王的儿子叔虞被分封到唐地，被称为唐叔虞。到了唐叔虞的儿子燮（xiè）父这一代，因有一条名为晋水的河流流经唐地，所以燮父就将唐地改名为晋，并建立了晋国。春秋末期，晋国灭亡，原晋国王族子孙遂以原国名为姓，形成晋姓。

历史名人

晋鄙：战国时期魏国将领，十分悍勇，是一位久经沙场的武将。

晋应槐：字植吾，明朝著名的大臣。明朝嘉靖三十五年进士。

历史故事

晋鄙率兵救赵

晋鄙是战国时期魏国将领，历来以悍勇闻名，久经沙场，攻无不克，所以深得魏王的器重。秦国在长平之战中大败赵军以后，随即派兵围攻赵国都城邯郸（今河北邯郸）。赵国平原君赵胜担心城池被秦军攻破成为亡

137

国奴，焦急万分，于是接连给魏王和魏无忌写信，恳求魏国派遣军队援救。魏王最后决定派大将军晋鄙率领十万精兵前去援救赵国。

秦昭王得知这个消息后很生气，就派使臣威胁魏王说："我攻下赵国是早晚的事，诸侯中有谁敢援救赵国，事后我一定调兵攻打它！"魏王听后很害怕，立刻派人阻止晋鄙前进，让他在邺地扎营驻守，并且授意晋鄙按兵不动，以防惹怒了秦王，而答应出兵救赵，这在行动上也已经证明了魏军正在前去援救赵国的路上。

魏王这一次名义上是去援救赵国，实际上是采取两面倒的策略观望。晋鄙作为骁勇善战的大将军确实有些不解，但他是一个忠于魏王的臣子，一切都是以保护魏王和保卫国家安全为己任的思想为上，所以只好奉命在边境原地待命。

填字学成语

攻无不（　　）　　　　邯（　　）学步　　　　骁（　　）善战

段干百里　东郭南门

百里 bǎi lǐ

姓氏起源

周朝时，有姬姓虞国人，入秦后被授予百里作采邑，其后代子孙就以封地名为姓，称百里氏；另有说出自姬姓，为春秋时秦国大夫百里奚的后代，是以祖名为氏。

百里嵩：汉代徐州刺史，号"刺史雨"。

百里奚：著名的政治家、思想家，又称"五羖（gǔ）大夫"，是秦穆公用五张黑羊皮从市井之中换回的一代名相。

历史故事

五羖大夫百里奚

春秋时期，虞国有个大夫名叫百里奚。公元前655年，晋献公灭了虞国，俘获了虞君和百里奚。

这一年秦穆公向晋国求亲，继续维持秦晋之好，所以将百里奚作为陪嫁的家奴带去秦国。百里奚不愿意继续当奴隶，于是在半途中偷偷逃跑了。不幸的是，他又被楚国人当作奸细捉住，遣送到边境去放马。

秦穆公知晓百里奚有才能，决定用重金赎买他，但又害怕楚王起疑心不答应，于是就派人对楚王说："我家的奴隶逃跑了躲到贵国，请允许我用五张黑色公羊皮交换将他带回去治罪！"楚王一听，觉得只是一个奴隶而已，白得五张羊皮挺划算的，就答应了。

到秦国后，秦穆公解除了对他的禁锢并以礼相待，百里奚推辞道："我是亡国之臣，不敢接受大王如此礼遇厚待。"穆公说："虞王不重用您，所以亡国了。"通过谈论国家大事，穆公觉得百里奚确实是一个人才，立即委任他为上大夫，成为辅佐秦穆公的重臣。因为百里奚是由五张公羊皮换回来的，所以世人称他为"五羖大夫"。

段干百里　东郭南门

呼延归海　羊舌微生

呼延 hū yán

姓氏起源

据史籍记载，曹魏末期至东晋时期，南匈奴贵族呼衍部落进入中原后，改"呼衍氏"为"呼延氏"，成为汉字复姓，至公元五世纪已经融入汉族。

历史名人

呼延赞：北宋名将。宋太祖补选他任东班头领，后来升任骁雄军使。

呼延庆：呼延赞曾孙，宋朝时期的军事将领、外交官，曾多次出使金国。

历史故事

呼延赞：定国安邦良将

呼延赞出身于庶族官僚家庭，年轻的时候就因为作战勇敢，深得宋太祖赵匡胤的赏识。

宋乾德二年（964年），他在征伐后蜀的战斗中身先士卒，不顾身上多处受伤依然冲锋杀敌，立下卓越战功。有一次宋太宗御驾亲征北汉，将北

汉都城团团围住，但北汉军誓死抵抗，宋军屡攻不下，太宗亲自到阵前督战。只见呼延赞拼力攻城，四次即将攻上城头，四次又被士兵击打下来，但他仍然面不改色，休整一夜后再次奋力攻城。太宗被他的骁勇善战打动，回朝后亲自接见他并大加赏赐。

呼延赞不仅勇猛作战，闲暇时也潜心研究攻守兵法，曾献"轰图"于太宗，并请求前去守卫边防。为了不忘初心，他在身上刺了"赤心杀敌"四个字，在他的影响下，他的儿子们也以"出门忘家为国，临阵忘死为主"为使命。呼延赞戎马一生，凭借高超的武艺为皇帝定国安邦立下赫赫战功。

填字学成语

身先士（　　）　　　　面不（　　）色　　　　戎（　　）一生

岳帅缑亢　况郈有琴

岳 yuè

姓氏起源

岳姓源于姜姓，属于以官职称谓为氏。上古时期，有一种官职称作"四岳"，伯夷为第一任太岳。在伯夷的后裔子孙中，多有以先祖官职称谓为岳氏，世代相传至今。

历史名人

岳飞：字鹏举，南宋时期抗金名将、军事家、民族英雄，位列南宋"中兴四将"之首。

岳云：南宋抗金名将岳飞长子，中国历史上少有的少年将军。

历史故事

岳飞：精忠报国

　　岳飞是南宋杰出的军事家、战略家、抗金名将。他精通韬略，善于骑射，他在出师北伐壮志未酬的悲愤中所写的《满江红》成为千古绝唱，世代流传不衰。

　　岳飞小时候家里并不富裕，但他勤奋好学，不仅学识渊博，还练就了一身好武艺，成为文武双全的人才。

　　金兵进犯中原期间，岳母鼓励儿子报效国家，并在他后背刺上"精忠报国"四个大字。孝顺的岳飞从未忘记母亲的教诲，自从披上战袍，从来没有恐惧退缩。由于他精通兵法，勇猛善战，立了不少功劳，名声也传遍了大江南北。岳飞不仅自己谨守母亲的教诲精忠报国，还建立起一支纪律严明、作战英勇的"岳家军"。"岳家军"的士兵个个骁勇善战，令金兵上下闻风丧胆，金兵统帅仰天长叹："撼山易，撼岳家军难！"

　　然而在一次交战中，当岳家军乘胜追击眼看就要大败金军之时，忽然接到皇帝派人飞马传来的退兵诏令，而且是连发十二道金牌，命令岳飞即刻退兵。岳飞万般无奈只好退兵。原来这正是奸臣秦桧的阴谋，更可恨的是秦桧诬告岳飞谋反，将他关入监狱，以"莫须有"的罪名将岳飞害死。

　　岳飞死时只有三十九岁。他一生谨记母亲的教诲，至死也没有忘记"精忠报国"。

填字学成语

　　壮志（　）酬　　　　精（　）报国　　　　闻（　）丧胆

西门 xī mén

姓氏起源

　　西门姓源于姬姓，出自春秋时期郑国大夫居住地。春秋时期，郑国有个大夫居住在郑国都城的西门，他的后代子孙就以居地名称为姓氏，称西门氏。

历史名人

　　西门豹：战国时期魏国人，是著名的政治家、水利家，历史治水名人。

　　西门季玄：唐朝时期忠臣，历任神策中尉、右迁神策军佐、右中护军等。人们赞扬他的忠心正直。

～历史故事～

西门豹：巧治巫婆

　　战国时期，魏王派西门豹去管理邺城。西门豹到了那里一看，满眼荒芜萧条，便找来一位老人询问原因。老人悲伤地告诉西门豹，这里的巫婆和地方官绅都说河伯每年要娶一位年轻漂亮的姑娘，若不给河伯送去，

143

他就会发大水淹没村庄。他们硬逼着百姓出钱供奉，还要献出年轻的姑娘。所以，有女儿的人家都逃到外地去了，这里的人口也越来越稀少，越来越穷。

西门豹说："下次河伯娶妻请告诉我，我也去看看！"到了河伯娶妻的日子，西门豹真的带领卫士来了，巫婆和当地的官绅急忙出来迎接。西门豹说："新娘在哪儿，领来我看看！"巫婆连忙把那个打扮得很漂亮的新娘领过来。西门豹一看，回过头来对巫婆说："不行，这姑娘太丑，河伯不会满意的！烦劳巫婆去给河伯报个信儿，就说我要另选一个漂亮的姑娘送过去！"说完就叫卫士抱起巫婆扔进河里。等了一会儿，西门豹对官绅们说："她怎么还不回来呢？你们下去催催吧！"这些官绅一个个吓得面如土色，"扑通"一声跪下来像小鸡吃米似的连连磕头求饶。

老百姓终于明白巫婆和官绅都是骗钱害人的。后来，西门豹带领百姓开凿水渠灌溉农田，把漳河的水引到田地里以后，粮食获得了丰收。

填字学成语

（　）二连三　　　　面如（　）色　　　　（　）衣足食

商牟佘佴　伯赏南宫

商　shāng

姓氏起源

商姓源于子姓，出自上古时期商王朝贵族后裔，属于以国名为氏。

商鞅：又叫卫鞅，战国时期政治家、改革家、思想家。商鞅辅佐秦孝公，积极实行变法，使秦国成为富裕强大的国家，史称"商鞅变法"。

商高：西周初年的数学家。据说商高在公元前1000年便已经发现了勾股定理：勾三，股四，弦五。

历史故事

商鞅：徙木立信

秦孝公即位以后决心发奋图强，于是颁发公告说："不论国内还是国外的人，只要能使秦国富强起来就封他为高官。"有一个卫国的贵族公孙鞅（就是后来的商鞅），在卫国得不到重用，于是闻讯来到秦国投奔秦孝公。

商鞅对秦孝公说："要想国家富强，必须发展农业，奖励将士；要想把国家治理好，必须赏罚分明，这样才能顺利推行改革朝政。"秦孝公完全同意商鞅的主张。

于是商鞅起草了一个改革的法令，但是怕老百姓不信任他，不按照新法令去做，便叫人在都城的南门竖了一根长长的大木杆，并下令说："谁能把这根木杆扛到北门就赏十金。"

不一会儿，南门口围了一大群人，大家议论纷纷。有的说："这根木头谁都拿得动，还用得着十金？"有的说："这是骗人呢。"大家你看我，我看你的，谁也没去扛木杆。

商鞅知道百姓不相信他能兑现赏金，就改赏五十金。没想到赏金越高，人们越觉得不靠谱，依旧无人去扛。这时，人群中有人说："我来试试！"

商 牟 佘 俱 伯 赏 南 宫

145

随后真的扛起木头，一直扛到北门。商鞅立刻派人赏给那人五十金。

　　这件事很快被传开了，一下子轰动了秦国。人们都说："左庶长言而有信！"随后，商鞅公布了新法令，很快就得到推行。

填字学成语

　　发（　　）图强　　　　　赏罚（　　）明　　　　　议论纷（　　）

墨哈谯笪　年爱阳佟

年　nián

姓氏起源

　　年姓源于姜姓，属于以先祖名字为氏。齐桓公认为前任国君齐鳌公在位一个月就被杀，是一个凶兆，为了辟邪，就以前朝贤臣、祖父姜夷仲年名字中的"年"字为后代的姓氏，称年氏，世代相传至今，史称年氏正宗。

历史名人

　　年遐龄：康熙朝大臣，湖广巡抚，名将年羹尧的父亲。

　　年羹尧：清朝名将。曾配合各军平定西藏动乱，率清军平息青海罗卜藏丹津叛乱，立下赫赫战功。

年羹尧：顽劣儿童终成才

年羹尧可以说是一个传奇人物，可他小时候却是一个非常顽劣的孩子，但他后来又是怎样成才的呢？

看着别人家的孩子都能通读四书五经，而年羹尧却只知道调皮捣蛋，他父亲非常着急，可是先后请了三个老师，都被喜欢舞刀弄枪的年羹尧气跑了。结果成了远近闻名的"顽劣之徒"。

有个老头说要做年羹尧的老师。年父很惊异，问道："这孩子生性顽劣，先生可有办法教化他？"老头说："如果您按照我所说的做，三年后，令公子必会脱胎换骨。"

年父半信半疑，但还是照办了。他二人很快住进了花园，可老头每天只顾自己看书，任凭年羹尧随便玩耍。终于有一天，年羹尧玩腻了，一抬头正好看见老头津津有味地在看书，就好奇地喊起来："喂！老头儿，你整天看书，书中有什么美味吗？"

老头说："书中自有美味，但你看不懂，你玩你的吧，不要来捣乱！"老头越这么说，他越好奇，就说："能教我看吗？"老头说："当然可以，就怕你不肯用心学！"年羹尧说："那你得告诉我能学到什么！"老头说："读书好处多得很！可以成为圣贤、得富贵，还可以指挥三军建立功名。"年羹尧说："那你干脆教我指挥三军建立功名吧！"老头不慌不忙地捻着胡须说："学习很苦，你真心跟我学？"年羹尧很认真地说："当然！大丈夫说话算话！"老头见时机成熟，心中大喜。于是开始教他读经史、写文章、论兵法、习武练剑。

墨哈谯笪　年爱阳佟

年羹尧天资聪颖，三年后果然变得器宇不凡。后来考中了进士，还率领军队平定了青海叛乱，成为清朝名震四海的名将。

填字学成语

半信（　）疑　　　津（　）有味　　　不慌（　）忙

第五言福　百家姓终

言 yán

姓氏起源

言姓源于姬姓，出自春秋时期吴国言偃之后，属于以先祖名字为氏。孔子的得意弟子之中有个叫言偃的，以文学著称。他的后裔子孙便以"言"为姓氏，尊言偃为得姓始祖。

历史名人

言偃：字子游，又称叔氏。汉族，春秋时吴地常熟人。孔子"七十二贤人"之一。

言朝标：字皋云。乾隆时期进士，历官镇安知府。有《孟晋斋诗集》传世。

言偃：南方夫子

言偃的家乡在吴越之地，他千里迢迢慕名去求学，成为孔子的弟子。他学习十分勤奋，每当遇到疑难问题总是虚心向孔子请教。孔子也特别喜欢他勤奋好学的精神，常常夸奖他是弟子们学习的榜样。

言偃陪孔子参加当年的腊祭活动，祭祀仪式结束后走到宗庙外时，孔子忽然仰天长叹。言偃觉得很奇怪，就问道："先生为什么叹气呢？"孔子说："现在世风日下，我还是很向往大道之行的'三王（夏、商、周）'时代啊！"接着他滔滔不绝地向言偃讲述了古代帝王宣扬"天下为公"的思想，所以天下到处呈现出安居乐业、没有盗贼出没、人们可以夜不闭户的"大同社会"的景象。言偃佩服老师的学识连连点头，并深深记在脑海里。后来他在鲁国担任武城宰时，不忘弘扬孔子学说，遵照师训，以礼乐教化人民，所以他管理下的人民"讲信修睦"，城内随处都能听到优美的弦歌之声，到处呈现出一派祥和。孔子得知后不住地称赞。

后来言偃回到南方老家，孔子学说又得以在南方传播。孔子曾高兴地说："吾门有偃，吾道其南。"后来言偃被誉为"南方夫子"。这说明言偃对孔子的思想，不仅能深刻理解，而且还能亲身实践并传扬，深得人民的爱戴。

填字学成语

千（　）迢迢　　　　滔（　）不绝　　　　安居（　）业

第五 言福　百家姓终

149

参考文献

［1］邓启铜.三字经.百家姓.千字文［M］.北京：中华书局，2014.

［2］胡真.百家姓［M］.上海：上海古籍出版社，2014.

［3］刘青文.百家姓［M］.北京：北京教育出版社，2015.

［4］龚勋.百家姓［M］.北京：北京日报出版社，2017.

［5］刘敬余.百家姓［M］.北京：北京教育出版社，2012.

［6］闻钟.百家姓［M］.南京：南京大学出版社，2018.

［7］郎建.百家姓［M］.北京：中国少年儿童出版社，2018.

［8］邓敏华.百家姓［M］.哈尔滨：黑龙江美术出版社，2017.